"中国为什么反对日本政要参拜靖国神社"系列

靖国神社与日本的文化、宗教有什么样的关系？

步 平 著

五洲传播出版社

图书在版编目（CIP）数据

靖国神社与日本的文化、宗教有什么样的关系？ / 步平著 . -- 北京：五洲传播出版社，2014.11
（“中国为什么反对日本政要参拜靖国神社”系列）

ISBN 978-7-5085-2952-3

I. ①靖… II. ①步… III. ①靖国神社 – 研究 ②军国主义 – 研究 – 日本 IV. ① B981 ② D731.31

中国版本图书馆 CIP 数据核字 (2014) 第 259228 号

靖国神社与日本的文化、宗教有什么样的关系？

著　　者：步 平
责任编辑：高 磊
图片提供：萨 苏 FOTOE
装帧设计：北京正视文化艺术有限责任公司
出版发行：五洲传播出版社
地　　址：北京市海淀区北三环中路 31 号生产力大楼 B 座 7 层
邮　　编：100088
电　　话：010-82005927，82007837
网　　址：www.cicc.org.cn
承 印 者：北京利丰雅高长城印刷有限公司
版　　次：2014 年 11 月第 1 版第 1 次印刷
开　　本：889 × 1194mm 1/16
印　　张：1.75
字　　数：20 千
定　　价：58.00 元（共五册）

目录

靖国神社究竟是什么？这是使许多人，包括日本人都感到困惑的一个问题。靖国神社问题之所以在日本社会中争议很大，并且影响了日本与亚洲国家的关系，与人们对靖国神社性质的认识密切相关。

表面上看，靖国神社似乎是日本社会中随处可见的众多神社中的一个，从其背后似乎也隐约地看到神道文化的影子。靖国神社与日本的传统文化、与日本的民族意识和日本人的历史记忆确实有千丝万缕的联系。但是，靖国神社与其他的神社有着根本区别。它不是普通的宗教场所，而是与日本的天皇制、与明治维新以后的日本政治有特殊关系的政治性机构，并且与日本发动的侵略战争有直接关系。当然，作为宗教或文化层面的神道，并不是直接关联着政治、战争或侵略，但靖国神社为什么能够通过神道进入日本的文化层面呢？作为宗教形式之一的神道教，又是如何与靖国神社乃至日本社会建立联系的呢？

可见，对靖国神社问题的考察需要进入文化、宗教层面，进入思想意识层面。尽管大多数的日本平民对政治性问题似乎并不十分关心，但只有从这一角度观察，才能够准确地把握靖国神社的性质。

日本绘画：甲午战争结束后明治天皇到靖国神社祭祀死于此役的侵华日军。

一、神道教

(一)原始宗教——“神”的产生

日本的神道教是早期日本人对自己生活和生产的自然环境认识的反映。神道教起源于自然力的诱惑，表达了对自然界的敬畏和感激之情，以及由此产生的对自然界万物的崇拜感觉。随着生活实践的深入，神道教的意义也不断地丰富并扩展。

从这个角度看，早期的神道与当时日本人的生产与生活环境密切相关。其实，对自然界的敬畏和感激之情以及由此产生对自然界万物的崇拜感觉，并不是日本社会独有的现象，而是人类社会发展过程中的普遍现象。但是，对于主要从事水稻生产的古代日本人来说，他们的农业生产特别需要人与人之间的相互协作即充分的管理，需要风调雨顺的自然条件，特别是日光的照射，也就是需要与太阳、风雨、动植物等的和谐相处。在生产力水平比较低的时代，他们更希望有一种能够给自己提供富足的稻米的力量，于是很自然地相信神是对大量的集中劳动具有强大管理能力的统帅者。久而久之，便逐渐形成了重视神、自然、

日本神道教仪式。由锯齿形纸片拴在一祭棍上做成的供品象征着献给大自然的精灵或死者灵魂的布料。人们认为在礼拜时这一供品就成为神灵的神位。

人三者和谐共处的意识。在这里，能够给人们带来丰收的所有力量都被看作神的力量，其中对太阳的神奇力量的崇拜是最主要的，因此，产生了以太阳神崇拜为核心的古代信仰。太阳神成为神道教中的核心的神——“天照大神”。这种信仰的基础在于认为自然和人是通过神而连接在一起的这种自觉意识，而这种自觉意识的升华则表现为祭神活动。

（二）从自然神到社会神——神道的产生

对神的祭祀活动起初是原始的，后来其仪式逐渐规范化，而祭祀地点的建设也同时规范化，并形成了专门的祭神场所——神社。而以神社为中心的种种祭祀活动及其原则就是“神道”。后来，在神道的派系增加后，这种以神社为中心进行活动的派别被称为“神社神道”，这是神道教的主体。天皇和各氏姓集团的统治者希望借助神的权威实行统治，于是利用神道教奠定的基础，将自己置于传达神的意志的位置。在这种情况下，人们祭祀的对象除了天地诸神以外，通过古代神话开始人为地向以天皇为代表的特殊的神延展，于是，自然神开始向社会神转化。由于这种转化，对神的祭祀仪式增加了新的内容，即强调不仅供奉神，而且要了解神的意志。而天皇既然是神的后代，其传达的意志自然就是神的意志。于是，天皇的意志就具有了既是政治指令，又具有法律性质，同时还是神的意志的全方位的功能。在“大化改新”（公元 645 年）以前，日本已经开始了这种“祭政一致”的宗教与法律密切联系的状态。

日本神话绘画：天照大神（太阳女神）的弟弟到高天原大闹，天照大神因此躲到天之岩户，令世上一片黑暗。众神以舞蹈吸引天照大神打开岩户之门，让世界重新获得光明。

（三）神道教与日本神话

日本神话如同希腊神话一样也自成体系。日本神话的核心是：天照大神是皇室的祖先神，天皇是神，日本是神的国家。可见，日本神话最重要的特征是具有相当强的政治色彩，是天皇统治正当化的基础。从日本神话的主角天照大神以及其子孙们的系谱上可以清楚地看到：日本神话中出现的众神，其系谱与现在的皇室以及许多氏族的起源直接相关。许多神给予天皇以神代与人代的结合的位置。

在这样的神话体系中，虽然原始的自然神还存在，但是已经发生了变化。这一神话体系中更多的是与自然神一样表现为不可理解与不可驾驭的力量，这就是社会神。所谓“神祇八百万”，主要是这样的社会神。在日本众多的神社中祭祀的就是这样的“社会神”。

天照大神既是皇室的祖先神，同时也是给日本人带来稻米的伟大之神，是作为给天地间带来和煦之光的“八百万诸神”的象征而被传颂的。显然，这一神话体系对于强化天皇的正统地位有特别的意义，因此，它被日本的统治者有效地利用起来。例如，建立在三重县的伊势神宫就是祭祀天照大神的神社，与

20 世纪绘画：神武天皇（Jimmu-Tenno），是日本传说中的第一位天皇，也是日本皇族成员的始祖。

皇室有特殊的关系，祭主均由皇室成员担任。

根据日本的神话，天照大神与天皇的联系是被制造出来的日本神武天皇。因为有了神武天皇的地位，才能确立历代天皇的地位，所以为了明确神武天皇的位置，在日本神话中特地给他确定了即位的时间——公元前 660 年，并从那时开始一代一代地延续了天皇世系。从那时开始到现在的明仁天皇，已经是第 125 代。

从上面的描述可以看出，日本神话如同希腊神话一样虽然也自成体系，但是与希腊神话不同的是：在希腊神话中宙斯的子孙阿迦门农虽然作为国王登场，但其子孙现在却没有人继承王位。而在日本神话中，主角是天照大神以及其子孙们，其性质与基督教中被尊为唯一绝对之神的上帝还不相同，同基督教、伊斯兰教、犹太教等宗教所描述的神亦有本质上的不同。

（四）佛教和儒学对神道教的影响

佛教传到日本列岛后，给神道教以极大的影响。在很长时间里，各种理论都把日本最高的神解释为佛的化身，并运用自己的教义思想进行解释。神道之所以在强调自己的同时不得不认可佛教，是由于天皇和统治者意识到在巩固自身地位的问题上，佛与神同样有保佑其政治统治的功能。而由于佛教的成熟程度远高于神道，具有神道所不具备的功能，更容易与王权紧密结合。于是，佛教从一开始就具有压倒神道而成为国教的趋势。

神道教传统的“土生土长”的多神意识在没有经受外来压力的情况下，本来是没有特别强调自身价值的考虑的。但是当佛对传统的神灵的地位形成了挑战后，神道教不能不维护自己的地位，于是在这一时期出现了“神道”的概念。日本第 31 代天皇用明天皇首先提出了“神道”的概念：“天皇信佛法，而尊神道。”这里将“佛法”与“神道”比较使用，表明了其对两种宗教的不同的态度。尽管不反对佛教，但是表明对神道的尊崇。

到了藩幕时期，江户幕府重视以朱子学为核心的官学，强调日本精神，并以此作为幕藩体制的思想基础和教育基础，这就是所谓的“国学”。日本的国学重视以汉籍为主的儒学，力图在此基础上与日本传统联系起来，特别是它能够解释纯粹的日本精神，因此国学与传统有密切的关系。但时，重视传统自然就又发生了与佛典相抵触的情况。神道与佛教的对立也逐渐扩大。特别是在儒学开始作为官方的意识形态获得了发展的广阔空间后，在儒学独立的影响下，

16 世纪日本绘画：香客前往伊势神社朝圣。香客朝圣之前，要先在河中沐浴净身，而后经由木桥穿过神社大门前往神殿。

神道也跃跃欲试地想摆脱佛教，从儒学中吸取营养而形成新的理论。

在组织上，神社基本受佛教僧团统摄，甚至套用佛教的仪式祭祀，经常在神前读经，举行法会。然而神道教正是在依附于佛教的过程中，发展和深化了自己的教义体系。一些神道学者吸收佛教和中国儒家、道家的思想，逐渐建立了自己的神道学说，在 14 至 15 世纪先后创立了伊势神道、吉田神道。这些神道理论尽管主张神儒佛一致的原则，但都是在尽力抬高神道教的地位，为使神道教从佛教中独立出来制造理论依据。进入江户时代（1603—1867）后，佛教

14 世纪日本宗教绘画：一位大臣端坐于神道的战神八幡脚下。八幡神是日本天皇祖神，被视为应神天皇。平安时代以来，八幡神受到神佛习合思想的影响，成为佛教的护法神，有“八幡大菩萨”的称号。明治时代，在神佛分离的政策下，这一佛教式的神号被禁止。

虽然影响广泛，但是由于依附于幕府的封建统治，思想与制度都日益僵化，失去了积极向上的进取精神，社会影响也开始减弱。相反，儒学却因摆脱了佛教的束缚而独立出来。因此，神道开始利用儒学的理论武装自己，创立了儒学神道。

在江户时代的前期，一方面是朱子学者从儒学的立场上解释论述神道，另一方面是神道家利用儒家学说阐述神道，形成了许多派别，可以说是神儒结合的儒学神道的繁荣时期。到了江户后期，则出现了将儒学同佛教一样加以排斥的神道理论，这种理论反对用外来思想阐释神道，主张用日本的典籍追究真正的日本精神，发展真正的纯粹的神道。这种复古倾向的神道理论被称为“复古神道”。

到了明治维新前后的倒幕运动时期，当时的政治家为了动员民众，把抵制来自西方的压迫与恢复天皇的权威结合起来考虑，提出了“尊王攘夷”的口号。“尊王”，毫无疑问是要求恢复和强化天皇的政治地位，而“攘夷”则是对外来干涉的抵制。但是，用什么学问解释“尊王攘夷”的口号，并作为抵制外来干涉力量的理论手段呢？儒学和佛学本身就是外来的学问，当然不能使用，因此必须从神道的传统中寻找。这样，以神武天皇的创业精神为核心的神道传说就与明治维新建立近代国家的政治目标在某种程度上契合起来，成为“尊王攘夷”口号的理论武器。当时政治家提出的所谓“和魂洋才”，也是这一思想的体现。

由于神道具有这样的重要作用，因此在明治维新后，新的日本政府立即在“祭政一致”的原则基础上，恢复了神祇官的制度。神道恢复了强势地位，相反，佛教却相对受到压制。僧人被赶出神社，神社中一切与佛教有关的色彩被全部清除，甚至有的地方又发生了“排佛毁释”的情况。同时，根据“一村一社”的原则，对神社进行统一的规范，祭神活动也被规定为与天皇、皇室有直接的关系，使神道具有了特殊的超宗教的地位。这些活动的目的，就是要在民众中确立日本是神国、天皇是神的观念。这时的神道已经脱离了超世的宗教范畴，逐渐与天皇制的国家建立了密不可分的联系，“国家神道”的观念就这样被建立起来了。而在“国家神道”的确立与强化过程中，靖国神社无疑起了特殊的作用。

二、神社神道与国家神道

神道教在日本出现后，逐渐形成了诸多的流派。根据神道的说法，诸神存在于人心之中，是随时随地与人同在的。但是对于许多人来说，还不能满足于这样抽象的纯精神层面的理念，他们还是需要有一个祭神的特别的地方，以便同神进行亲密的交流。于是就出现了占有一定面积庭苑的神社，成为神与人之间交流的场所。这样的神社提供的是人与神之间进行交流的空间，所以一般以人居住的区域为单位，或者说是以族缘或地缘为单位。这样的神社不以宗教教派为原则确立，只承担对各种自然神和社会神进行祭祀的职责，所以没有自己的宗教理论。在日本，只要是人口聚集的地方都建有供公众祭神的神社，几乎每个人都被视作某一神社的“氏子”。根据所祭祀的神的不同情况，神社也有不同的类型。祭神的种类有许多，大致可分为：创造万物的神、创造日月火水等天象的神、创造国土山河等地象的神，以及动物植物神、皇室祖先神、保护神等，所以，祭祀诸神祇的神社也五花八门。至今，全日本仍有 82000 余家神社，而在有的家庭中还设有“神棚”。这样的神道被称为“神社神道”。

在等级制度森严的封建社会，国家基于祭政一致的原则，根据祭神的级别的不同，规定了神社的不同级别，即“社格”。最初分为天社和国社，分别祭祀天神和地祇。后又将神社分成国家管理的官社和不由国家管理的不在官社两类。官社又分为由皇室提供经费的官币社和国家提供经费的国币社。

明治维新后，政府为突出对神道的重视，首先实施了“神佛分离令”，对神道教以外的宗教都进行了压制。佛教首当其冲地受到压制，在随后开始的“废佛毁释”的运动中大受损失。而基督教的传播也受到打击，在长崎号称“东亚第一大圣堂”的浦上天主教堂，发生了压制天主教徒的“浦上教徒事件”。与此同时，明治政府还在全国开展了“大教宣布”的活动，明确宣布天皇为神，以神道为国教，日本为祭政一致的国家，并在东京设立大教院，在各府县设立

靖国神社的前身招魂社的地位最初不高，还曾在 1871 年招待过马戏团的演出。

日本基督教先驱植村正久（1858—1925），曾基于宗教理由对参拜靖国神社提出质疑。

中教院，而在各神社里设立小教院。教院中配有专门从事所谓“大教宣布”的“教导职”，向日本国民推行建立在神道基础上的维新精神的普及，宣传“敬神爱国”、“奉戴天皇”、“遵守朝旨”的“惟神之道”。众多的神社为人们提供了对各种不同的神进行祭祀的机会与条件。祭祀历代诸天皇亡灵及有功勋的皇族、国家功臣的神社则带有更多的政治性，与普通的神社有所区别。

作为确立神道教为国教的措施，明治政府建立后，宣布建立神祇官，在政府中先是设立神祇省，后来演变为内务省寺社局。1889 年公布的明治宪法虽然有信教自由的原则，但实际上给神道教以突出的地位。这样，本来是与政治无关的文化宗教范畴的神道教，就成了由国家扶持的入世的政治性事物了。

明治政府还明确规定在神社进行的祭祀等仪式是国家的公事，而不是一家一户的私事。根据这样的复古精神，原来在神宫和神社中举行的各种仪式也恢复了起来。但是，这样一来也出现了新的问题，特别是举行大规模的国家祭祀的神社，就已经不是宗教意义上的场所，而是进行国家主义宣传的场所；神道也不是普通意义上的宗教，人们被严格要求必须参加，没有自愿的原则，这就是“国家神道”。这与当时向西方学来的信教自由的原则是相抵触的。到二战结束的时候，日本的神社有 10.6 万座之多，不过其中的“官社”仅有 218 座。

在国家神道的体制下，在许多神社进行的祭祀活动就带上了国家的背景和政治的色彩，就是“祭政一致”的原则。而实施这一原则，必然要通过行政手段对神社进行管理。政府对神社的管理经历了多次的变化，到 1900 年开始在内务省中设立神社局，而到 1941 年，又在政府中特别设立了神祇院。

从以上的叙述可以看出：处于国家神道体系中的靖国神社，显然已脱离了日本的传统，与一般的文化、宗教产生了区别。

以神社为中心的神道没有宗教理论，不以宗教教派为基础，只以族缘或地缘为单位，以神社为中心对各种自然神和社会神进行祭祀。一般认为，日本国建立之时的人物核心是皇室，经济核心是稻米，精神核心就是神社。神社一开始就与日本国家有不可分割的关系，而这种关系发展到极致，就是“国家神道”。

三、靖国神社与普通神社的区别

在国家神道的体系中，社格最高的靖国神社无疑与普通的神社已经产生了区别。但是，靖国神社与普通神社的根本性区别并不在这里。最根本的区别是靖国神社中的祭神与其他任何神社中的祭神的身份都明显不同。

（一）“英灵”——神道教本来没有的概念

不了解靖国神社中的祭神的真正身份的人，往往按照所谓“人死后皆为神”的理念解释靖国神社的祭神和祭祀活动，而那样就会产生误解：靖国神社的祭祀不过是根据人们的传统观念进行的活动，与所有的祭祀活动一样，并没有什么特殊的，也不必大惊小怪，更不值得引到政治问题上来。显然，这是在为参拜靖国神社开脱责任，而且这样开脱责任与神道教本身的教义存在相当大的矛盾。

首先我们要问：在靖国神社出现之前，神道教的教义中有“人死后皆为神”的内容吗？接着就要问：既然“人死后皆为神”，那么，对方或敌方阵营中的阵亡者是不是也要成为“神”呢？然后还要问：如果对方的阵亡者也能够成为“神”的话，那么会在什么样的神社中进行祭祀呢？

其实，根据神道的御灵信仰的本意，在战争中死亡的人死后不仅不能成为“神”，其灵魂也只是“怨灵”。因为那些人的死是非正常的死亡，是所谓的“横死”。

而“横死”的结果只能是“怨灵”。“怨灵”与“神”是不同的概念，是不能转化为神的。“神”是受人尊敬的对象，具有保护现实中的人的威力，但是“怨灵”只会作祟，只会给现实中的人们带来疫病和灾难，相当于中国传说中的“灾星”。为了平息“怨灵”的哀怨，避免他们作祟，所以要进行神道中的“御灵镇祭”。而“御灵镇祭”的第一步，则是要将那些“怨灵”召唤回来，这种召唤的过程就是“招魂”。这就是为什么在京都最初进行的招魂的对象是那些在安政大狱中被处死的人的原因。

从这个意义上说，只要是在战争中死亡的人，无论其原来属于哪一方，其死后都要成为“怨灵”，都会有作祟的危险。因此，招魂本来的目标是所有的“怨灵”，即无论属于哪一方死后都会成为“怨灵”的阵亡者，因为他们都有可能导致疫病和灾难，所以都需要“招魂”。全面解决“怨灵”作祟的问题，是本来的“招魂”的目的。也就是说，是为了“镇魂”才需要“招魂”。正因为这样的原理，所以原来的“招魂”是针对所有的死亡者，当然包括在战争中双方

日本传统的招魂社，在明治时代带上了政治色彩。

的阵亡者。从这个意义上看，那些被召唤回来的灵魂就是“怨灵”，并不是“神”，不能作为神来祭祀。这是神道教教义中关于“招魂”的本来的意义。

奈良时代（710—794）与平安时代（794—1192），由于神道与儒、佛等宗教交叉融合，神的概念逐渐多元化，开始将死去的前代天皇作为神来祭祀。而到平安时代政治斗争激烈的中期，由于自然灾害频发，传染病大规模流行，死了很多人。为了避免这些“怨灵”继续作祟危害社会，人们纷纷在各地建立“御灵会”，将其作为“疫神”看待，于是开了“怨灵”成为“神”的先河，神道逐渐接受了特定的人死后的“怨灵”可以成为神的理念。但是，这种“疫神”的名声并不十分光彩，是仍然会给人们带来疾病与灾难的“神”，与人们崇敬的“神”不可同日而语。此后，凡是因战乱、事故、自然灾害、疾病等哀怨而死的人，即死于非命的那些人的灵魂都可以成为这种特殊的“神”。当然，人们对这种“神”的恐惧要多于尊崇，至多是敬而远之，这是御灵信仰的一种变形。而在这种情况下，起初对在战争中死亡的“怨灵”的祭祀仍然是不分敌我的，只要是战死的人，为了防止其作祟，就作为御灵对待，加以供养。这也是受佛

京都灵山护国神社内，为侵略亚洲各国的日军亡灵树立的慰灵碑。

1905 年，靖国神社内举行的日俄战争战殁者祭祀大典。

教“怨亲平等”思想的影响，具有朴素的人道的精神。必须强调的是：这些死者尽管被作为神，但是一种特殊的神，并不是人们崇敬的对象。这种由“怨灵”转化的特殊的“神”与人们所说的在靖国神社中祭祀的人格神完全不是同一个含义。那种称“神道教中有人死后皆为神的教义”的说法是不正确的。

成立东京招魂社进行的招魂活动，本来是利用了在日本国民中有深厚基础的御灵信仰的背景。但是，与传统的御灵信仰相比，东京招魂社的招魂活动已经发生了重大的变化。前面我们说过，由于在这里召唤的已经不是一般意义的战争阵亡者，而是单方面召唤站在天皇一方的“怨灵”，不包括站在对立面的“怨灵”。特别是当东京招魂社的地位逐渐被提升后，其与国家的关系越来越密切，甚至成为准国家机构，成为应国家的需要对为国家与天皇作出贡献的人加以抚慰的地方。在这样的情况下，只有在战争中站在天皇一方的阵亡者可以受到祭祀，被尊崇，被当作保卫国家的“英灵”；而对立一方的阵亡者，因被称为“贼”、“寇”，当然不在抚慰的范畴。所以，东京招魂社的招魂活动已经不是单纯的原来御灵信仰意义上的活动，它失去了原始的人道关怀意义，而增加了政治意义。

靖国神社成了麻醉士兵去为帝国而死的工具。

可见，在东京招魂社建立以前，阵亡或“横死”的人死后成为怨灵，并不能成为“英灵”，当然更不能成为人格神。而在东京招魂社建立后，经过招魂的怨灵成为了“英灵”。东京招魂社转变为靖国神社后，“英灵”转化为守卫国家的神，即“靖国之神”。如果说原来的“招魂”只是将阵亡者的灵魂召唤下来加以“镇魂”的话，那么，成立靖国神社的目的已经不仅仅是“镇魂”，而是对国家守护神的“慰灵”。靖国神社最重要的价值是提供给人们参拜和受教育的场所。

靖国神社认为：在靖国神社里，一个个由个体组成的阵亡者的“英灵”集体构成为“靖国之神”。而靖国神社则是宣扬这些“英灵”的事迹与精神，号召日本国民仿效他们为天皇献身、为国家捐躯的地方。参拜并不是对死亡者的怀念，因为在靖国神社中已经不存在阵亡者的个体；参拜是对靖国之神的精神的弘扬，即“英灵彰显”。

通过以上的说明，我们可以看出，从东京招魂社到靖国神社，不仅仅是名称与地位的改变，而是传统的御灵信仰的本质性的改变。靖国神社突出“为国捐躯”，就使得在国民的宗教意识中已经扎根的慰灵传统带上了明显的政治色彩。阵亡的日本军人一旦从普通的“怨灵”变为靖国神社的“英灵”，社会地位也就发生了巨大的变化。此后，必须是效忠于天皇和大日本帝国的人，才有资格享受在靖国神社中的祭祀。靖国神社已经不是单纯的宗教性的事物，而是与政治有相当密切关系的政治性事物；参拜的目的不是悼念而是“英灵彰显”。不看到这一点，就不能了解靖国神社问题的本质。

（二）“招魂”与“英灵彰显”的区别

对于从政治角度考虑问题的明治政府来说，建立东京招魂社的目的并不是为阵亡者的家属提供怀念亲人的场所。对于政府来说，比个体性的“英灵”与“忠魂”更有实际意义的是建立抽象的国家的神的意识。因为只有将那些人作为国家的神，才能够要求全国人民去崇敬、去拜谒，才能够从树立民族榜样的角度起到宣传的意义。所以，需要建立一座能够超越个人的感情、给“民族”与“国家”的英雄以绝对地位的场所，于是，靖国神社就出现了。靖国神社就是为安置这样的“民族”与“国家”的英雄——“靖国之神”而建立的。靖国神社宣称，阵亡军人的“英灵”一旦进入靖国神社，就不是普通的“灵”，不仅仅是“忠魂”，更不是到处作祟的“怨灵”，而与合祀在里面的所有的“忠魂”、“英灵”一起，构成了“靖国之神”，也就是国家的神。

这种抽象的理论对于一般人来说可能没有特别的意义。因为在一般的人看来，东京招魂社与靖国神社的不同似乎只是名称的改变，而“忠魂”与“英灵”、“靖国之神”也似乎没有本质的区别。其实，这一变化的意义是相当深远的，无论是对日本政府还是对阵亡者的亲属，靖国神社的建立都有相当特殊的意义和影响。

对于政府来说，把为政府及天皇战死的人作为“神”，表明政府对阵亡军人极为重视，提高为天皇献身的军人的政治荣誉与社会地位。靖国神社被列为别格官币社这种破格的优厚的待遇，表明了天皇对靖国神社的重视及与靖国神社的特殊的关系。由于有这样的关系，靖国神社就可以宣传合祀是根据天皇的意志进行的，是根据天皇的恩惠对那些人的褒奖。而天皇也确实经常参加靖国神社的祭祀活动，即使天皇本人不能参加，也要委派敕使，而且并不是一般的政府官员，都是由负责皇室事务的宫内省直接委任。

而对于阵亡者的家属来说，自己的亲人进入靖国神社与原来进入招魂社的意义也大不相同。如果说招魂社中的主体还是以阵亡者个体存在，阵亡者的亲属与他们之间仍然可以保持原来的关系的话，那么，阵亡者一旦到了靖国神社，成为国家的神，就与生养他的父母以及共同生活的亲人脱离了直接的关系。因为根据靖国神社的理论，一旦成为靖国神社的“英灵”，成为靖国之神，就是

靖国亡魂的亲人们

战死者家属在靖国神社签到，叼着烟的办事员和大多带着农夫质朴气质的遗属形成了鲜明对比。

国家的神了。遗族们只是表面上获得了崇高的名誉。身为凡夫俗子的遗族已经没有资格与成为国家之神的阵亡者保持亲族的关系。任何人到靖国神社的祭奠都是在向国家之神表示敬意，而不是向自己的亲人表达感情。

靖国神社中的“英灵”的这一特征，并没有引起多数日本人的注意。所以直到今天，仍然有许多的战争遗族还天真地以为到靖国神社就可以表达自己对亲人的怀念，对政治家参拜靖国神社也表示可以理解。

其实，对于靖国神社并不接受战争遗族对自己亲人怀念的立场的态度，也有许多人早已觉察，并看透了靖国神社问题的本质。日本著名的民俗学家柳田国男在他编写的《明治大正史 · 世相篇》中曾经辑录了这样一段民谣：“辛苦养育 21 年，3 个月不见，成了国家之神。”

这是流行在中日甲午战争与日俄战争时期的民谣，反映的是阵亡军人的父母的心情。当时服兵役的要求是年满 20 岁，也就是说刚刚进入 21 岁的孩子就被征兵了，3 个月后父母得到了儿子阵亡的消息。父母失去自己的儿子本来已经是很悲痛的事情了，但更让父母悲痛的是不仅失去了儿子的躯体，甚至连儿子的名义也失去了。虽然儿子成为国家之神，但父母甚至找不到安放自己儿子的场所。

政府将这样的民谣解释为日本国民为天皇即国家献身的“光荣感”，其实，日本人很善于掩饰自己的真实思想与情感，在日语中有“建前”（表面的话）与“本音”（真心话）的概念。从这样的民谣中难道听不出父母对失去孩子的无可奈何的悲叹吗？

另外，按照日本政府设立靖国神社的逻辑，一旦阵亡作为“英灵”被合祀进入靖国神社，就成为品德高尚的“神”，无论阵亡者生前的品德如何。即使有多么不端的行为，只要被确定为“英灵”，一切都可以“既往不咎”，所谓“一俊遮百丑”了。这样一来，社会道德的标准又将如何建立？其带给日本社会的负面影响是很严重的。

总之，靖国神社中的“英灵”不再是阵亡者的个体，而是服从于天皇与政府的特殊的政治集团。阵亡者一旦被合祀在靖国神社里，就失去了自己的个体的身份，被割断了与自己亲属的关系，而是作为“国家之神”而抽象地存在，作为国家的工具而存在。

（三）靖国神社——“皇国史观”的教育基地

日本在明治维新后，迫切需要建立天皇的权威并稳固其统治地位，颁布天皇的“军人敕谕”与“教育敕语”，都是要强制日本人承认天皇的地位及培养对天皇的忠诚，而作为社会性的约束与教育，仅仅靠硬性的背颂还是很不够的。在这种时候，靖国神社的教育作用就突出出来了。因为这里的“英灵”，恰恰是完全符合“皇国史观”教育的需要。

由于靖国神社中的“英灵”恰恰是明治政府所提倡的对天皇绝对服从与献身的“典范”与“楷模”，所以，在靖国神社进行的祭祀活动，特别是对靖国之神的参拜，丝毫没有对“英灵”个体悼念的意义。关于参拜，靖国神社强调的是对“英灵”为天皇献身精神的“弘扬”，即“英灵彰显”。

在靖国神社发行的宣传小册子中有“靖国神社志略”一文，其中说：明治天皇深深地怀念为国家牺牲的生命，因此提出建设靖国神社。而建设后，靖国神社得到了天皇和皇室的特别的垂青。靖国神社中的人物不仅得到遗族的怀念，也得到全体日本国民的崇敬。

事实上，1879 年东京招魂社改称靖国神社的时候，就已经开始了将这里作为教育场所的努力。为了表示对祭神的慰藉，在靖国神社中特地建设了陈列“扬额”和古代武器的“绘马堂”，后来进行扩建，于 1881 年建成了“游就馆”，后来又建设了靖国会馆和宝物陈列馆。到日本发动侵略战争后，“游就馆”已经成为面积 6 千多平方米的两层混凝土建筑。为强化教育，在与之相邻的地方建立了“国防馆”，进行国防教育和普及国防思想，此外，还新设了神门和社务所，使靖国神社成为强有力的军国主义教育设施。

在“游就馆”中，陈列了天皇赏赐的物品、向天皇进贡的物品、自戊辰战争（1868 年）以来从幕府军缴获的战利品、军人的遗物，以及为了表明后来的战争胜利的纪念品等，供人们自由参观。从这些展品来看，“游就馆”显然是作为日本唯一的军事博物馆建设的。“游就馆”里的日本刀的陈列是其常年保留内容，一直持续到现在。

1894 年发生了中日甲午战争，1904 年发生了日俄战争，两次战争期间阵亡的日本军人剧增，所以也是靖国神社活动异常活跃的时候。由于阵亡者随时增加，靖国神社不仅举行例大祭，也会举行临时大祭。举行仪式活动的时候，政府从各地将阵亡者的遗族邀请过来，与军队和政府官员一起参加仪式，并将仪式活动向外界作全面介绍，颂扬阵亡者都是履行天皇的“军人敕谕”的“忠义的榜样”，尽管他们已经成了“神”，仍能够在靖国神社与其肉亲见面，其

1893 年的靖国神社游就馆

吊挂在游就馆内的樱花式自杀飞机，是一种让飞行员无法脱身的野蛮武器。

战争期间的靖国神社不仅是一个祭祀的地方，还是一个展示战利品、夸耀武功的地方，对战争起到了推波助澜的作用。图为 1905 年靖国神社内展示的在日俄战争中缴获的巨型榴弹炮。

事迹将在游就馆陈列，这是阵亡者的莫大的荣誉，要求全日本国民都效仿“英灵”的精神，为天皇献身。这一过程被称为对“英灵”的“彰显”。

从昭和年（1926）起，日本小学 4 年级的教科书中就有了关于靖国神社的内容，题目就是“靖国神社”。其中说：

靖国神社位于东京的九段坡上，是为了纪念为天皇和为日本国献身的人们所建立的。每年的春天（4 月 30 日）和秋天（10 月 23 日）举行祭祀，天皇派敕使参加。临时举行的大型祭祀，天皇和皇后有时也参加。纪念为天皇和为日本国献身的人们……

短短的一篇课文中，多次出现“为天皇和为日本国献身”，并将这种献身称为对天皇和国家的“忠义”。这是把靖国神社与天皇的“教育敕语”紧密结合起来对学生进行的军国主义教育。

而到了战争年代，这一教育目的更加突出。在战时提供给教师准备课程使用的教学参考书中，关于靖国神社一课的“教育目的”是这样写的：

太平洋战争和对华战争期间，由于阵亡人员甚多，靖国神社多次举行这样的“临时大祭”。

天皇全副武装参拜靖国神社，是战时日本的一道风景线。

1895 年 12 月 16 日，东京日比谷，日本海军诸军舰将校以下兵员列队，准备参加靖国神社大祭。

编写靖国神社这一篇课文的目的，是要让学生从儿童时代起就牢固地树立起这样的精神：一旦国家需要，就要以义勇奉公的精神为天壤无穷的天皇献身。同时也要建立起“作为国民，这是应尽的义务”的意识。

战前的日本教科书属于“国定教科书”，即由政府组织编写并实施的唯一的教科书。在教科书中将靖国神社中的“靖国之神”作为日本这一共同体的世代的守护神，宣扬靖国之神与“英灵”的事迹，目的当然是为了培养日本人为以天皇为代表的日本这一共同体而献身的精神。这时的日本教育将日本精神建立在这样的理论基础上：作为共同体的子孙的日本人，无论出自哪个阶层，无论有什么样的情况，都应无条件地仰慕靖国神社中的“英灵”，都应无条件地参拜靖国之神。当时的日本政府要求学校组织学生参观“游就馆”，参加在靖国神社举行的祭祀仪式。每年举行合祀活动的时候，政府还向远道而来的遗族赠送打折的车票或船票。

这样，以靖国神社为中心的一片区域就成了进行“皇国史观”教育的基地。

"中国为什么反对日本政要参拜靖国神社"系列

日本侵华战争中的靖国神社是什么样的？

步 平 著

五洲传播出版社

图书在版编目（CIP）数据

日本侵华战争中的靖国神社是什么样的？ / 步平著 . -- 北京：五洲传播出版社，2014.11
（“中国为什么反对日本政要参拜靖国神社”系列）

ISBN 978-7-5085-2952-3

I. ①日… II. ①步… III. ①靖国神社－研究 ②军国主义－研究－日本 IV. ① B981 ② D731.31

中国版本图书馆 CIP 数据核字 (2014) 第 259226 号

日本侵华战争中的靖国神社是什么样的？

著　　者：步 平
责任编辑：高 磊
图片提供：萨 苏 FOTOE
装帧设计：北京正视文化艺术有限责任公司
出版发行：五洲传播出版社
地　　址：北京市海淀区北三环中路 31 号生产力大楼 B 座 7 层
邮　　编：100088
电　　话：010-82005927，82007837
网　　址：www.cicc.org.cn
承 印 者：北京利丰雅高长城印刷有限公司
版　　次：2014 年 11 月第 1 版第 1 次印刷
开　　本：889×1194mm 1/16
印　　张：1.5
字　　数：20 千
定　　价：58.00 元（共五册）

目录

靖国神社以合祀为天皇献身的日本军人为原则。当然，在社会相对稳定、没有战争与冲突的时代，并不会有很多的日本军人被合祀进去。但是，日本自明治维新后，随着国力的增强，军国主义思潮活跃，越来越想突破传统的东亚国际秩序，特别是希望具有与西方列强一样的国际地位，与周边国家的冲突不断发生，最后发展到与德国、意大利结盟形成法西斯阵线，把日本推到了战争道路上。战争强化了靖国神社与军国主义的关系，也突出了靖国神社在军国主义教育中的作用。

靖国神社和宫城，是日本天皇在战争中最频繁出现的地方，一个代表对战争的鼓励，一个代表统治的权威。

一、“祭政一致”体系的最大强化

以战争为契机，日本政府建立了“国家神道”的绝对权威的地位，强迫人们承认“国家神道”不是宗教，而是政治。在“祭政一致”体系的最大强化下，参拜靖国神社成了全体国民的义务。战争时期的靖国神社超越宗教，完全成为军国主义政治的工具。

从前面的叙述可以看出，靖国神社虽然可被列为日本众多神社中的一个，但是无论从其建立的过程，还是从其坚持的理念，包括合祀在里面的阵亡者的“英灵”来看，都是传统神道教并不存在的。表面被看作神道教活动场所的靖国神社，其实是与日本天皇制和天皇军队有着密切的联系。政府通过靖国神社对日本民

1931 年 11 月，靖国神社内，为在中国东北阵亡的关东军仓本少佐及其中队士兵搭建的灵堂。在当年 9 月 19 日攻占长春的战斗中，仓本少佐率领的关东军独立守备大队三中队几乎被全歼。

众特别是日本军队进行忠于天皇的皇国主义教育，一方面强化天皇的权威；另一方面统合民众的思想。正因为靖国神社与一般的神社并不相同，所以，自建立后每年隆重举行的“大祭”或“特别祭”就成为进行上述宣传教育的重要机会。战争更是发挥其作用和宣扬其理念的重要时机。

日本关东军1931年在沈阳的柳条湖制造了“九一八事变”后，在占领中国东北的过程中，日军主力师团被调入东北镇压各地反抗斗争，后又向南扩张，先是在长城一线制造事端，不断与中国军队发生冲突。1937年的“卢沟桥事变”后，日本进一步向中国战场大量增兵，战场不断扩大，与中国军队的战斗日益激烈，日本军人的阵亡数量也迅速增加。到了1941年12月日军袭击珍珠港以后，战争规模更加扩大，日军阵亡人数急剧增加。虽然每年通过举行“例大祭”的机会将阵亡者合祀在靖国神社，并举行祭祀活动，但随着战争的推进，这些祭祀活动已远远满足不了日本政府的需要了。一方面由于阵亡人数增加得很快，两次“例大祭”之间会积累太多的阵亡者；另一方面，由于军人阵亡导致战斗力减弱，政府面临来自军队的要求补充兵力的压力也越来越强。在这一矛盾越来越突出的情况下，鼓励日本青年人尤其是青年学生积极参加军队，并用义无反顾地为天皇献身的精神教育年轻一代就成为政府最重要的课题。靖国神社的意义也就明显地表现出来。所以，越是在战争激烈的时候，日本政府就越重视在靖国神社对“英灵”精神的“彰显”，以此作为战争动员的手段。靖国神社

1932年3日16日，在年初侵略上海的“一·二八事变”中受伤的日军弘前师团士兵伤愈复原后参拜靖国神社。

“九一八事变”后，靖国神社又一次扩容。图中照片为在中国锦州被击落毙命的日军航空兵大尉花泽友男。

1937年7月日本侵华战争全面爆发后，靖国神社于当年12月为侵华日军作临时大祭。

也在例行的祭祀外，开始越来越频繁地举办临时大祭；同时，也越来越频繁地组织军人、学生到靖国神社参拜，对“靖国之神”的参拜也被写入了教科书。

然而，靖国神社毕竟是神社，具有宗教属性，如果被政府作为战争动员的机器，等于成为国家宗祠，那样就涉及了政治与宗教的关系。毕竟日本明治维新后，走上了迅速西化的资本主义道路，在政治原则方面也仿照西方的价值观提出了“政教分离”的原则。尽管在意识形态领域里，日本国内仍然保留了相当多的封建传统，包括在教科书中宣扬日本的神话，也包括将天皇制本身建立在神道教基础上，但由于官方表面上还没有承认日本存在国教，所以，对神道教的重视和要求参拜靖国神社的措施，也在日本社会引起了激烈的反应，社会认识一度也发生了混乱。特别是佛教、基督教团体对政府和军部强化神道教、突出靖国神社的措施提出了质疑。

1930 年，佛教真宗各派召开协议会，针对政府要求日本社会普遍参拜靖国神社发表声明，表示参拜靖国神社与佛教教义不符，佛教不能承认。日本基督教联盟也发表关于神社问题的建议，提出应停止强行要求参拜靖国神社的活动。基督教和佛教都是从政治与宗教的关系的角度对参拜靖国神社提出了不同的观点。他们认为不应当要求日本全社会都去无条件地参拜属于神道教的靖国神社，因为那样一来，神道教就成了“国教”，就具有了高居于各种宗教之上的特殊的地位。基于这样的认识，一些佛教徒与基督教徒都曾经拒绝参加参拜活动。

1932 年，为了纪念天皇的“军人敕谕”发布 50 周年，日本政府决定将 4 月 13 日的靖国神社大祭日确定为全国性的假日。接着在 25 日，靖国神社为在上海“一 · 二八事变”和台湾雾社事件中阵亡的 531 名日本军人举行合祀的临时大祭。由于天皇与皇后都参加了祭祀活动，所以政府要求配属到各学校的军事教官或老师也要率领学生参加临时大祭。当时，日本军队已经为各大中学校配备了军事教官，对学校的管制十分严格。但是，属于基督教学校的上智大学与晓星中学的学生则认为参拜靖国神社与自己信奉的天主教不相吻合，拒绝执行军事教官的命令，没有参加参拜。学校也通过日本天主公教会东京大司教向文部省提出了报告，再次从教义的角度申明信奉基督教的学生不参拜属于神道的靖国神社的理由。在军国主义化的日本，当时若不与军队配合，就会被扣上“不爱国”的“国贼”的大帽子，能否继续生存就成了问题。所以这些学校的大胆行动的确需要一定的勇气，当然也引起了社会的强烈关注，在民间层面引发了是否需要参拜靖国神社的争论。

上智大学是东京的一所天主教教会学校，1932 年该校曾有部分学生因宗教信仰问题拒绝参加军方组织的参拜靖国神社活动。后因受到军政双方的巨大压力，学校不得不作出让步。

针对来自社会各界特别是佛教与基督教的抵制，军队方面的态度极为强硬，声称如果学校不配合，将要从学校撤出军事教官表示抗议，这使日本政府也感到棘手。文部省在与内务省神社局协商后，决定用所谓的“神社神道”与“教派神道”的概念予以解释。文部省对学校答复说：与佛教和基督教并列的神道教实际是神道教中的“教派神道”，政府与“教派神道”没有直接关系，所以政府仍然是坚持政教分离原则的。但“教派神道”不是神道教的全部，在神社中进行活动的神道属于“神社神道”，而“神社神道”不属于单纯的宗教活动，是政治性的“国家祭祀”。所以对靖国神社“英灵”的参拜等活动是脱离了宗教功能的政治性活动。根据日本政府的这一解释，“神社神道”就是国家神道，到靖国神社参拜不属于宗教范畴的活动，而是国家的政治行为，是培育学生爱国心和忠诚心的活动，所以是每个日本国民都应履行的义务，“要求学生参拜靖国神社不过是教育他们爱国精神和对祖国的忠诚，与要求他们行礼是同样的事情”。

日本政府的解释在理论上是矛盾百出、无法自圆的。因为将“教派神道”与“神社神道”作这样的区分十分牵强，“神社神道”无论多么特殊，无论有多么强的国家背景，但不可能完全脱离神道教而存在。所谓“国家神道”理论，其实就是政治与宗教互相利用的理论，就是违背了政教分离的基本原则。可见日本政府为确立通过崇拜天皇达到宣扬军国主义的目的，宁可背弃口口声声学习西方政教分离原则的口号。

不过，战时佛教与基督教对参拜靖国神社一事的抵制，也从另一方面证明：早在上世纪 30 年代，日本社会就意识到靖国神社的存在与对靖国神社的参拜并非仅仅关乎战争阵亡者个人的问题，其实是涉及国家政治以及政治与宗教关系的大问题。而当时日本政府已经明确表示靖国神社是国家祭祀的场所，参拜靖国神社并非宗教性的行为。然而，现在有的日本政治家却故意掩盖靖国神社问题的本质，回避参拜靖国神社的政治性。他们声称自己参拜靖国神社是出于个人的感情，出于对战争阵亡者个人的怀念，完全是自欺欺人。

二、靖国神社——军国主义教育链条中不可或缺的一环

战争时期，日本政府要求军队和学生参拜靖国神社“彰显英灵”。年轻人在这样的活动中被灌输了忠于天皇是日本国民的义务，为天皇献身是日本人的最大荣誉的认识。应征入伍有战死的可能，但要让年轻人前仆后继地加入到侵略战争的行列中，就要让他们建立战死可以成为“英灵”的认识。参拜靖国神社和对“英灵”的“慰灵”、彰显，起到了激励和鼓舞更多的年轻人投身战争的作用。

由于发生了上述反对参拜靖国神社的事情，日本政府意识到必须建立“国家神道”的绝对权威地位，让日本社会广泛地认识到“国家神道”不是宗教而是政治的原则，同时必须排斥其他宗教，尤其要把属于神道教的其他的流派打成异端邪说。

1935 年，日本政府首先以“违反治安维持法”和“对皇室大不敬”的罪名，严厉镇压了同样属于神道教派的“大本教”。该教会位于京都的机构全部遭到破坏，房屋被拆毁，地基被挖出来投到大海里，连石造的坚固的月宫殿也被堆上炸药炸毁。教团的干部被捕后，其所有的财产与土地被拍卖，甚至把已经去

世的原教团领袖的尸骨也挖出来示众。

考虑到社会影响和国际影响，日本政府和军队对于其他宗教的处理虽然不能像对“大本教”那样残酷，但态度也相当蛮横。基督教被作为主要压迫对象，不时地受到来自军队与政府的责难。1938 年 11 月，大阪宪兵队的特高课长故意向大阪主要的基督教会提出了挑衅性的问题，如基督教的神是什么，以及天皇与基督教的关系、敕语与圣经的关系等。显然，如果坚持基督教的教义，不仅得罪政府，更重要的是会被扣上“违反治安维持法”的大帽子；而如果迎合政府的见解，就违背了基督教的原则。果然，对该问题提出批评意见的众议员田川大吉郎就在 1940 年被捕了。

日本政府其实对强调神道与政治的关系在理论上的矛盾是十分心虚的。因为只有将靖国神社的祭祀活动与参拜靖国神社活动政治化，才能达到巩固天皇地位、鼓励为天皇献身的目的，但参拜靖国神社一旦成为国家性的祭祀，等于否认了神社及神道教的宗教性质，也等于违背了“政教分离”原则。从道理上说，这样的矛盾是无法调和的，但是日本政府出于维护天皇政治及推进战争的目的，

对华战争开始后，靖国神社的“人口”急剧增长，祭祀活动经常持续到深夜。

无论如何要将矛盾的事物混在一起。于是，他们就在所谓“国体”的问题上大做文章。

1937年，日本政府大力推行所谓的“国体教育”，向学校发行《国体的本义》的宣传物，竭力鼓吹天皇统治的正统性。该书的开头就明确提出：“大日本帝国是天皇受上天的神敕进行永远统治的国家”，因此需要确立“国体的本义”。在这里，把抽象的所谓“国体”提到相当的高度，要求所有的日本人必须敬仰和保卫，同时强调国体的思想就是国家神道的教义，反对国家神道也就是反对“国体”。这样，就把天皇制的法西斯理念与古代宗教的各种观念结合起来，神道与国体也结合在一起了。在这样的理论基础上，政府对一切反对与抵制的声音及活动都以“反对国体”的罪名进行镇压。

这一年12月，发生了日本军队大量屠杀中国南京军民的事件。但是，日本政府不向国内报告事件的真相，反而组织不明真相的日本人提着灯笼举行各种庆祝活动，同时逮捕国内400多名社会主义者，制造白色恐怖。1938年4月，政府又宣布可根据“战争总动员法”在不经议会讨论的情况下动员各种人力及物资资源，加剧紧张的气氛，压制反对意见。正是在这种背景下，从1938年开始，负责靖国神社的宫司一职由军人担任，首任军人宫司是陆军大将铃木孝雄。直到日本战败，靖国神社一直由具有陆军大将官阶的军人掌管。靖国神社与军队的关系不再是从内部体现出来，而是表面化了。

由于在对华作战中损失惨重，靖国神社专设侵华战争战死者祭奠处。

1938 年 10 月 27 日，靖国神社大鸟居下，庆祝中国汉口陷落的日本军民。

军国主义时代是靖国神社最繁荣的时期，参拜者如云。

铃木孝雄担任宫司后，立即举行了日本扩大侵略战争后第一次临时大祭，将在“九一八事变”和“卢沟桥事变”中阵亡的4533名军人合祀进靖国神社。这时的祭神已经达13.5万名左右。而从这时开始，为了强调靖国神社的庄严肃穆的气氛，铃木孝雄下令禁止在举行招魂祭的时候表演那些很受欢迎的杂技、西洋镜、曲艺等，靖国神社周围的小房子也被拆毁。在这种情况下，参拜靖国神社已经不是可以讨论的问题，而是全体国民必须履行的义务。再对参拜靖国神社提出质疑，就会遭到逮捕。

1939年是靖国神社建立70周年，当时在靖国神社的“英灵”已经有15万余柱。为了进行纪念，日本政府决定在祭祀的时候邀请阵亡者的家属参加，还决定将这一形式固定化，每年的祭祀都安排这样一项内容。这一年，从全日本组织了1324名阵亡者的后代或亲人来东京参加合祀仪式，同时对靖国神社进行集体参拜。后来，这些阵亡者的后代被称为“靖国遗儿”，而阵亡者的母亲则被称为“九段之母”，因为靖国神社的所在地就是九段。不久，就出现了石松秋二作词、佐藤富房作曲的歌曲《九段之母》。而这一歌曲立即被灌成唱片，在社会上广为发行。日本政府就是这样利用战争遗族的感情进行狂热的战争动员的。

由于战争陷入持久化，日本军队的伤亡数量大大增加，这一时期每年春、

所谓靖国遗儿部队，这些孩子的父亲全都死在天皇发动的战争中。

日本首相东条英机在靖国神社对所谓“靖国孤儿”进行安抚。

秋两次的大祭，都有 1 万多名祭神被合祀到靖国神社。

1940 年，是根据日本神话推算的所谓纪元 2600 年，日本的对外战争这时也进入关键时期。日本政府决定利用这一机会举行大规模的建国纪念活动，通过这一活动宣扬“建国精神”，以确立日本民众对天皇制的“忠诚”，通过宣扬“臣民之道”鼓动日本军人为天皇献身。日本的神社，特别是靖国神社在这次纪念活动中居于核心的位置。如日本的中学生都被组织到与天皇有关的三处重要的地方进行“修学旅行”，以表示对天皇的敬仰和对国家的忠诚。这三处就是被称为“皇祖”所在的伊势神宫、被称为“皇宗”所在的橿原神宫和为了天皇“义勇奉公”的神灵所在的靖国神社。通过对这些地方的修学，从思想上对日本青年进行神国思想的教育。

这一时期，日本军队和学生对靖国神社的参拜和对“英灵”的彰显活动已经被制度化，年轻人在这样的活动中被灌输了忠于天皇是日本国民的义务、为

日军士兵出征前到靖国神社参拜，完成军国主义的洗脑。

靖国神社 1941 年举行临时大祭，悼念在对华战争中阵亡的日军。图为这次大祭的纪念章。

天皇献身是日本人的最大荣誉的认识。虽然应征入伍就会有战死的可能，但仍然有许多年轻人前仆后继地加入到侵略战争的行列中。日本当时的征兵制度是：只要收到一张从邮局寄来的红色的征兵令，就必须根据上面规定的时间到军队报到。日本的年轻人收到命令后，几乎没有任何犹豫，马上前去报到。在战斗打响需要冲锋的时候，许多人还相互约定：将来在靖国神社见面。可见通过军国主义的教育，日本人被“洗脑”的程度。在这一“洗脑”过程中，靖国神社扮演的角色是十分重要的。

从下面的图示可以看出：日本的年轻人从“征兵——参战——战死”就已经完成了作为人的生命过程，但是由于靖国神社的存在，战死的军人成为“英灵”，包括靖国神社参拜过程的对“英灵”的“慰灵”和彰显，激励和鼓舞更多的年轻人投身战争，于是又开始新的一轮“征兵——参战——战死”的过程，形成了周而复始的循环。靖国神社就这样成为日本军国主义教育链条上的重要一环。

征兵·····参战·····战死

教育·····慰灵·····英灵

从 1933 年开始，随着日本侵略中国的战争步伐的加快，每年举行例大祭及前一夜的招魂祭的时候，都由当时的广播电台 NHK 向全日本转播，尽量让更多的日本人认识靖国神社的存在及其意义，并体会靖国神社祭祀活动的气氛，以达到军国主义教育的目的。据居住在附近的人们后来回忆说：招魂都是在夜间举行的，来自全国各地的许多人被集中在靖国神社的庭院中，现场的人黑压压的。来自各地的“靖国遗儿”头上都缠着白布，一眼就可以辨认出来。仪式开始的时候，灯火全部被熄掉，现场处在一片黑暗之中。这时，只能听到低沉的军乐队奏出的音乐。招魂的队伍缓缓地启动了，前面是四名神社的职员引路，接着是陆军军乐队、参加仪式的陆海军军人、抬着装上了灵玺簿的御羽车的四名神官，再后面就是宫司带领的参加仪式的官员等。不过那些人也记得：当时对外宣传强调仪式的气氛隆重肃穆，表现对“英灵”精神的弘扬，但其实在神官抬着的御羽车通过的时候，可以听到遗族们低声的呜咽。当然，媒体是不会将那种声音报道出去的。

三、以靖国神社为首的军国主义教育体系

日本政府将“靖国之神”作为整个日本共同体子孙的守护神，将靖国神社作为国家的宗祠，要求全体国民敬仰“靖国之神”，要求全社会参拜靖国神社。但这从理论上是说不通的，因为不能要求全社会尊崇基于神道教教义的“神”，因此，参拜靖国神社一度受到社会各界的抵制。

其实，隐在那“沙沙”声音背后的遗族们的呜咽与抽泣，才真正表达了遗族们对阵亡者感情的心声。也就是说，日本政府和军队竭力宣称的举国上下支持战争、视死如归、勇于为天皇献身，其实不过是故意制造出来的神话。

鉴于靖国神社在军国主义教育中的重要作用，随着日本在中国的侵略战争的扩大，靖国神社也迎来了在国家神道下的最后但也是最迅速的发展时期。

1931 年“九一八事变”发生后，日本的好战团体立即成立了“靖国神社奉赞会”，配合政府、军队进行军国主义教育，充分利用靖国神社进行鼓吹战争的种种活动。这一年，设立在靖国神社内的日本刀剑锻炼所竣工，开始在靖国神社中展示象征日本武士精神的兵器。从此，在靖国神社的游就馆展示日本军刀就成了常设的节目。1934 年，靖国神社内外都进行了大规模的修缮与建设。其中特别是建设了巨大的神门，两扇门扉上各有一个金光灿烂的 16 瓣的菊花纹章。这种样式的纹章本来是皇室专用，一般神社是不能装饰的。靖国神社中使用象征了天皇权威的纹章，表明其及与天皇制度的关系。同年 4 月，在游就馆

靖国神社的文档中报道中国东北的义勇军领袖王凤阁被俘和遇害的报纸。1932—1937 年，王凤阁率部多次与日伪军作战，被俘后和妻子及四岁的幼子一起在 1937 年 4 月被杀害于吉林通化柳条沟。

靖国神社大门上代表天皇的十六瓣菊花纹章，象征着它的效忠对象。

的西侧还建立了名为“国防馆”的建筑，里面展出各个时期的武器以及有关的图片、电影，进行国防教育。1935 年，“富国征兵保险会社”向靖国神社赠送了两座石制灯塔，在日本被称为“大灯笼”。这两座“大灯笼”每座高 12.9 米，周围各镶有 8 块铜制浮雕。浮雕反映了日本军队的作战场面，左面一座表现的是陆军的“战绩”，右面一座表现的是海军的“战绩”。

随着对中国侵略战争的扩大，日本的阵亡者剧增。尽管在靖国神社进行的临时祭祀活动一再增加，并且通过广播电台向日本各地播放，但政府和军队仍然觉得无法满足其进行军国主义教育的需要，也无法将影响扩展到日本各地。于是，根据日本政府和军队的要求，除在靖国神社对阵亡者进行招魂和慰灵外，还要在阵亡者的出生地和阵亡地进行种种的纪念与慰灵活动，与此相配合的一系列招魂碑、招魂社、纪念碑等也在各地相继出现。

其实，在东京招魂社和靖国神社存在的同时，日本也还有一些用国费维持的地方性的招魂社。1938 年，官方指定了官祭招魂社 104 座、私祭招魂社 34 座，另外还有官祭招魂坟墓 1013 座。官祭招魂社和坟墓的经费支出都由地方政府负担，但统一归内务省的神社局管辖。随着阵亡者的数量增加，特别是日本军国

日本官员曾将参拜靖国神社当作必修课。

主义宣传的强化，许多地方申请新建招魂社。和歌山县、姬路市和长野县等地的官祭招魂社都是后来建立起来的。

日本内务省在 1938 年发布了给警保局长和神社局长的通牒，就在各地建立招魂社的问题提出：应以市町村和有实力的部门为单位建设招魂社，但避免与当地神社发生矛盾。不久，内务大臣又根据新的情况，提出将各地的招魂社神社化的指示。

1939 年 4 月，内务省发布第 12 号告示，规定将各地的招魂社大部分改名为护国神社，同时规定了护国神社祭祀的具体原则。

不久，内务大臣又颁布了第 14 号告示，规定在道府县中各确定一座指定护国神社。当时是从北海道护国神社开始的，34 个道府县各有一座。但随着形势的发展，指定护国神社的数量又有增加。除了在府县厅的行政所在地以外，在军队的师团所在地也往往设立了指定护国神社。像在广岛县，除广岛市的护国神社外，在福山也建立了一座官祭护国神社。所以到战后，这样的指定护国神社共有 51 座。这些指定护国神社中合祀的是出身于本府县的靖国神社中的那些祭神。在指定的护国神社之下，属于村社级的指定外护国神社还有 83 座。而规模较小的原来的招魂社则没有改名。

于是，战争期间的日本基本形成了以靖国神社为首的全社会祭祀“英灵”的体系（如下表所示），所有为天皇献身的“英灵”都被合祀在靖国神社，即成为抽象的“靖国之神”。但是为了让日本各地国民能够就近方便地向“英灵”表达敬意和彰显“英灵”的精神，以护国神社作为靖国神社的分社，各护国神社名义上祭祀当地出身的阵亡军人的“英灵”，但它们不过是靖国神社中的“靖国之神”的“分神”；日本人参拜护国神社与参拜靖国神社具有了同样的意义。

靖国神社	祭祀彰显国家之神
指定护国神社	祭祀彰显本府县出身的国家之神
指定外神社	祭祀彰显本村出身的国家之神

日本军队对于这样的体系还感到不满足，认为还需要进一步把靖国思想更深入地向民间宣传。当时，日本各地的狂热军国主义分子还建立过许多“忠灵塔”、“忠魂碑”等各种各样的鼓吹战争的纪念物。1939 年，由内务省出面，与陆海军省、文部省和厚生省等协商，决定发动全国各地把为阵亡军人建立“忠

1938 年 10 月 29 日，伪满洲国新京（长春），日本军队和学生参拜“忠灵塔”。

1939 年 3 月 3 日，侵华的日本陆军、海军陆战队参加上海神社的招魂祭。

灵塔”的活动规范化，力图将彰显“英灵”的活动与乡土意识密切地结合起来。协商的结果是在重要的战场及基层的市町村中至少各建一座有规模的“忠灵塔”。陆军省为此还特别发布了通牒，强调设立“忠灵塔”的目的是要在各地广泛地建立永远崇敬“护国英灵”的场所。同年，还建立了“财团法人大日本英灵显彰会”。

为了广泛建立“忠灵塔”，当时还规定了“忠灵塔”的三种规格：一是在外地的战场上建立的“忠灵塔”，一般占地 5 万平方米，使用经费 500 万日元。第二种是在大城市中的，占地面积与上述相同，但费用只要 100 万日元即可。第三种是市町村中建立的，又分大中小三类。大型的占地 6000 平方米，使用经费 5 万元；中型的占地 3000 平方米，使用经费 2 万元；小型的占地 1000 平方米，使用经费 5000 元。

可以看出，日本政府通过设立靖国神社、护国神社以及各地的“忠灵塔”、“忠魂碑”，形成了鼓吹军国主义思想的体系，而其核心目的，则是为了鼓动日本人参军参战，为天皇献身。以靖国神社为核心，构成了战时日本的军国主义教育体系，建立了所谓“祭政一致”的体制，成为法西斯式高压政策的一部分。包括对“英灵”的祭祀与参拜，都成为军国主义教育的重要环节，成为日本政治的重要内容。

日本还把这样的体系扩展到其统治的殖民地和控制的许多地方，如在日本统治下的中国东北。1940 年，日本安排伪满洲国的“皇帝”溥仪访日，参拜了明治神宫、靖国神社、伊势神宫、橿原神宫。溥仪返回东北后，就以天照大神为祭神在建国神庙中举行“镇座祭”，同时决定建立“满洲版”的靖国神社，即建国忠灵庙。所以，所谓的建国忠灵庙其实也是在中国东北的一座护国神社。

直到第二次世界大战战败前，日本社会形成了由陆军省、海军省和内务省出资管辖，高踞于绝大部分神社之上的，以设在东京的靖国神社为中心、以地方政府出资的护国神社为地方分祠的靖国神社系统，也就是鼓吹战争的军国主义教育系统。

伪满时期为侵华日军招魂的奉天（沈阳）日本神社

中国为什么反对日本政要参拜靖国神社系列

“中国为什么反对日本政要参拜靖国神社”系列

靖国神社是如何建立起来的？

步 平 著

五洲传播出版社

图书在版编目（CIP）数据

靖国神社是如何建立起来的？ / 步平著 . -- 北京：五洲传播出版社，2014.11
（“中国为什么反对日本政要参拜靖国神社”系列）

ISBN 978-7-5085-2952-3

I. ①靖… II. ①步… III. ①靖国神社 – 研究 ②军国主义 – 研究 – 日本 IV. ① B981 ② D731.31

中国版本图书馆 CIP 数据核字 (2014) 第 259225 号

靖国神社是如何建立起来的？

著　　者：步 平
责任编辑：高 磊
图片提供：萨 苏 FOTOE
装帧设计：北京正视文化艺术有限责任公司
出版发行：五洲传播出版社
地　　址：北京市海淀区北三环中路 31 号生产力大楼 B 座 7 层
邮　　编：100088
电　　话：010-82005927，82007837
网　　址：www.cicc.org.cn
承 印 者：北京利丰雅高长城印刷有限公司
版　　次：2014 年 11 月第 1 版第 1 次印刷
开　　本：889 × 1194mm 1/16
印　　张：1.5
字　　数：20 千
定　　价：58.00 元（共五册）

目录

引言：从安倍晋三参拜靖国神社说起

日本首相安倍晋三去年 12 月 26 日参拜靖国神社后，包括日本国内舆论在内，国际舆论普遍对其参拜表示了不满和反对。这一结果与安倍企图通过参拜取得更大社会支持的目的背道而驰。不过，这些年来日本政要一再参拜靖国神社，极大地伤害了中国及亚洲许多曾经遭受过日本侵略国家的人民的感情，使日本与这些国家间的关系也紧张起来，而围绕靖国神社的动向也成为倍受人们关注的问题。

靖国神社是位于日本东京都中心的皇宫附近的一座神社。在神道教流行的日本，靖国神社是 8 万多个神社中唯一的以“靖国”命名的神社。“靖”意思是“安定”、“平定”，所以“靖国”是“使国家安定”之意。因为靖国神社是日本独有的，在日本以外很难找到准确的对应的事物，所以英语根据“靖国”

靖国神社拜殿，是一般人进行参拜的地方。

的日语发音写作“Yasukuni”，而将神社翻译成“Shrine”。“Shrine”在英语中可作为“圣堂”、“圣地”、“灵场”理解，被理解为神圣的地方。

同样，因为靖国神社是日本独有的，所以外国人不大清楚日本的靖国神社究竟是什么性质的事物，多数人往往根据自己的体验或知识进行推测。有人认为靖国神社是类似军事博物馆的展览设施；也有人认为靖国神社类似美国的阿灵顿国家公墓或俄罗斯的莫斯科红场，甚至也类似于中国的人民英雄纪念碑这样的悼念设施，同样是神圣的地方。虽然多数中国人并不赞成日本政要参拜靖国神社，但如果沿着上述思路思考，其实也符合日本政要为自己辩解的逻辑。

但是，这样一来就出现了逻辑上的巨大矛盾。如果靖国神社的确是表达对战争阵亡者悼念的神圣的地方，即“Shrine”，为什么日本首相或政治家前往参拜，总会引起轩然大波呢？日本的右翼与保守势力也总是发出这样的质疑：每个国家都可以在悼念本国英雄的 Shrine 举行悼念仪式，如美国人可以将无名战士墓作为自己的 Shrine，俄罗斯人可以在莫斯科红场使火炬长年燃烧，中国人可以向人民英雄纪念碑敬献花圈，为什么日本人不可以到自己的 Shrine——靖国神社去进行参拜呢？小泉纯一郎、安倍晋三等人正是从这一立场出发为自己的参拜进行辩解的，居然得到了一部分日本人的理解与支持。相反，批评其参拜的观点，反倒成了不尊重 Shrine、否认普遍人性的错误理论了。

除了上述理由，日本政要还惯于从所谓“日本的传统”的立场为参拜靖国神社行为辩解，称日本有“人死了便既往不咎”的特殊信仰，参拜只是向为国家捐躯的军人表示敬意，并不表明是对军国主义的肯定。此外，还往往把其参拜行为与“神”的意识的建立结合起来，将人们关注的当前问题硬扯到公元 3—6 世纪“神道”意识建立的时代，或再向前扯到公元前 200 年出现“农耕神”意识的时代，甚至还有人硬扯到 1 万年前刚有精灵崇拜观念的时代。这样做的目的无非是强调靖国神社与日本传统文化的关系，以“尊重日本传统”为借口回应对参拜靖国神社的批评。但靖国神社真的与日本传统有关系吗？

据多次民意调查的统计，日本社会对政要参拜靖国神社的认可度并不是很高，基本上只有一半的人赞成参拜。但是对于其参拜靖国神社的动机，则

靖国神社“神门”，是神社的正门。

有 56.5% 的人认为是祈祷和平，51.9% 的人认为是发誓不重蹈过去的错误，38.8% 的人认为是对战死者表示感谢，11.3% 的人认为是赞扬战死者的功绩。虽然认为应赞扬战死者的人并不多，但看来多数人还是接受了政要们关于参拜靖国神社的理由。那么，日本社会为什么批评首相参拜靖国神社？日本人如何认识靖国神社的问题？这些是需要我们认真思考的问题。

这一问题的关键究竟在哪里呢？其实，靖国神社的性质绝不是可以用“Yasukuni Shrine”（靖国的圣地）简单说明的事物，要了解靖国神社的真面目，首先需要了解靖国神社的历史和在日本社会的影响。

一、明治维新与靖国神社的建立

表面上看，靖国神社是日本 8 万多个神社中的一个，其背后是具有悠久历史的日本神道教。但其实，靖国神社是在明治维新后才建立的，在那之前是没有靖国神社的，当然更没有“靖国之神”的概念。那么，靖国神社为什么会在明治维新后出现呢？

（一）明治维新与天皇权威的建立

1853 年，美国东印度舰队司令佩里指挥 4 艘军舰开进日本江户湾，以武力胁迫日本向西方打开国门，已将天皇权力架空多年的幕府选择向美国让步，结束了日本闭关锁国的体制。这一务实的政治态度和举措被封建藩主、武士认为是屈辱投降，于是开始了“尊王攘夷”的倒幕运动。在这一过程中，废除了幕府，强化了天皇的权力，同时也开始了“明治维新”的政治改革。明治维新是日本向资本主义迈进与近代天皇制国家形成的起点。剧烈的社会变革和来自西方资本主义的压力都对日本社会内部造成极大冲击，在日本历史上留下了深深的印记。靖国神社就是一个重要的印记。

1853 年的日本绘画“佩里的黑船”

同许多国家向资本主义迈进并非一蹴而就一样，讨幕战争与明治维新的过程伴随着激烈的政治与军事斗争，充斥着流血、死亡的场面，双方都有许多人阵亡。按照日本的一般风俗习惯，死者的亲属或者是关系人会对死者进行悼念或祭奠。对阵亡者的祭祀仪式中还包括“招魂”，就是将阵亡者的灵魂从天上召唤下来加以安置。“招魂”的概念，本来是出自儒学，指父亲去世后儿子要站在屋顶上呼唤天上父亲的灵魂以表达孝心。而这一形式与日本的神道结合后就成为“御灵信仰”，只要是死于战乱的人，一律供养，以慰其亡灵。

1862 年 12 月，虽然明治维新能否成功还不明朗，但讨幕派的一些人就在京都东山的灵山上为被幕府处死的志士们进行了“招魂祭”。他们认为祭祀的不是一般的人，而是“蒙冤或为天皇自杀而死’的人，即为了树立天皇权威而牺牲的人。至于那些与之对立的牺牲者，则不在这样的祭祀之列。尽管这是一次私祭，并没有官方的性质，但从中可以看到，从这时开始，对死于非命的亡灵加以尊奉和祭祀的活动发生了重大变化。以往的祭祀都是针对普遍的阵亡者，并没有特别的政治意义。但在这里，被祭祀的人已经单独属于某一政治阵营，对他们的祭祀就具有了明显的政治意义，与从前具有普遍意义的“御灵信仰”传统就不一样了。可以说，这是建立在“御灵信仰”基础上的，只针对那些为了效忠天皇而死的人所进行的祭祀。由于祭祀具有极其明确的政治性，被祭祀

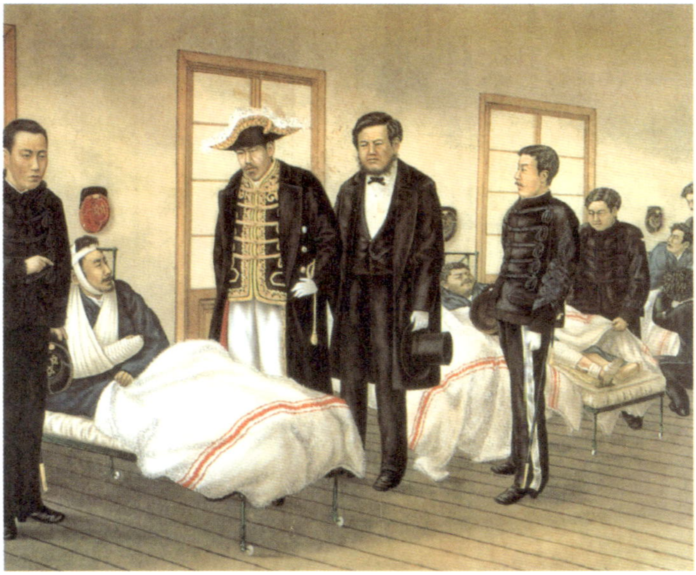

日本绘画，描绘 1877 年明治天皇（戴拿破仑帽者）到大阪临时医院探望西南战争中的伤患。

建立靖国神社的明治天皇

的那些人自然也与天皇、日本政府、国家联系起来。这是后来将这些人视为日本国家保护神的最初尝试。

1868 年 6 月，支持天皇的军队付出了极大牺牲后进入江户。明治天皇在此定都，并将其改名为东京。此后，明治天皇作出指示："应为自春季以来奉朝廷之命奋战牺牲之军人举行招魂仪式。各藩应将阵亡军人姓名、年月日等详细调查报告。"这就是说，天皇已经开始将对阵亡者的祭祀视为重要的事情。

其实，与此同时，对阵亡者的各种祭奠就已经在进行了。6 月 2 日，东征大总督有栖川宫主持了在江户城中最大的大厅内举行的招魂祭，祭祀拥护天皇的战死的官军，将这些人称为"为天皇献身的英勇的'皇御军'"。自然，这里的祭祀对象不包括幕府的"贼军"。可见，这时的祭祀已经具有明显的政治倾向，具有国家祭祀的意义。9 月，政府公布了为在这一战争中阵亡的人举行招魂祭的文书。这是最初以官方的形式为战殁者进行招魂慰灵的证明。

这些祭祀活动结束后，明治新政府又开始追祭此前为了明治政府确立而牺牲的人。接着，各藩也举行了同样的"招魂祭"。这些"招魂祭"的对象都是拥护天皇的倒幕派一方军队中阵亡的人，是"保皇"有功的人员。明治新政府出面举办这样的祭祀仪式表明，对这些阵亡者的纪念与悼念是政府或官方的行为。其目的也是十分明显的，就是要给予为天皇牺牲的阵亡者以崇高的荣誉，鼓励为天皇献身。

由此可以看到：明治维新后，对于战争阵亡者的祭祀已经不再像以前那样具有普世的性质，只有拥护天皇或保卫天皇的阵亡者才被祭祀。而祭祀也变成由国家进行的官方行为。这种祭祀与其说是针对阵亡者个人，不如说更是针对日本国民，是为了向日本国民表明为天皇而死的人是多么光荣，是可以被视为日本国家保护神的。显然，明治维新后，传统的建立在神道信仰基础上的日本“御灵信仰”理念已经被改变了。对阵亡者的祭祀一旦具有政治意义，就背离了日本神道教的传统。

（二）“招魂祭”与“东京招魂社”

根据明治天皇作出的为“奉朝廷之命奋战牺牲之军人举行招魂仪式”的敕谕，日本政府便开始筹备进行大规模的国家性祭祀活动。政府中也有人提议：战争中对阵亡者虽然进行了招魂，鼓舞了军队的士气，但那毕竟是在仓促中进行的。现在，新的明治政府已经建立，为表明幕府统治的终结和证明天皇统治的巩固与权威，有必要树立国民对天皇的尊崇，同时，也应为正在开始的军队近代化建设制造社会舆论，所以应在新首都的中心位置建立专门的招魂社，对为天皇权威的恢复、为明治政府建立而牺牲的军人举行招魂祭。由此可见，这次的招魂仪式被看作新政权建立以来最大的一次庆典活动，也是明治政府向社会证明自己的正统性与权威性的机会。这一提议得到了明治天皇的认可。

根据神道教的教义和规定，所谓“招魂”，就是将那些战死的军人的灵魂从天上召唤下来，安放在神殿中，作为“神”来祭祀。举行招魂式那样的庆典活动，首先需要有特别的场所，即“招魂场”，同时也需要安放“神”的神殿。新都江户（今东京）刚刚结束战争，还没有合适的场所。于是，天皇命令军务官（即后来的兵部省，以后又演变为陆军省、海军省）负责选择地点和部署祭祀现场。为筹备招魂活动，天皇特地批准拨给高达 10000 石的经费——“祭祀料”。这与供奉天皇祖神天照大神的伊势神宫所获批的“祭祀料”相同。可见，祭祀阵亡者的活动与祭祀天皇祖神的活动具有同等重要的地位，享受最高待遇。当时的军务官副知事大村益次郎担当了主要的工作。

1869 年 6 月 28 日晚，招魂仪式在刚刚搭建好的准神殿举行。其实，所谓的“灵

靖国神社的肇源——创建于 1868 年的京都灵山护国神社

魂”当然是抽象的并不存在的东西，所以在招魂式上代表被召唤下来的灵魂的，其实就是写有阵亡者名字、军职及阵亡时间、地点的名册，被称为“灵玺簿”，那些人的灵魂被称为“柱”。“灵玺簿”被运送到“神殿”安置好后，就算完成了被称为“镇祭式”或“灵招式”、“招魂式”的仪式，也说明阵亡者已经从实实在在的个体人转变成虚拟的只存在于人们意识中的“神”。

为表现天皇的重视，在仪式前，明治天皇专门召见主持仪式的神祇官。

在举行了这样的仪式后，新搭建的准神殿就变成了阵亡军人灵魂安住的地方。所以，在举行“招魂”仪式后的次日，又在那里举行对被召唤下来的灵魂的祭祀和参拜仪式。这就是招魂与慰灵的惯例，即在举行祭祀的前一天晚上，先举行招魂仪式，第二天举行祭祀和参拜仪式。

在举行仪式的同时，明治政府宣布在这一新辟的招魂场上建立招魂社，名为“东京招魂社”。当时还明确宣布将这里建成“中央招魂社”，也就是说，可以在其他的地方设立分支。东京招魂社从选地、营造、安排人员等草创开始，几乎都是大村益次郎一手操办的，他其实是东京招魂社的创始人。1869 年 8 月，

靖国神社祭祀场景之一

参拜靖国神社的天皇敕使

大村益次郎向这里献上了神剑、神镜，这是所谓“御神体”的象征。也就是说，无论祭祀在那里的灵魂有多少“柱”，但作为“神”，则只有抽象的一个，以“御神体”代表。此后无论多少灵魂被“合祀”，仍然以这一“御神体”作为代表。

天皇与明治维新政府对招魂社的重视是因为他们当时正在处心积虑地建设新式的军队，对阵亡军人的祭祀，其实也表明了对军队的关注。政府也明确今后由内务省、陆军省、海军省共同出资维持东京招魂社的日常运转。

（三）“靖国神社”与“靖国之神”

随着越来越多的阵亡军人被合祀到东京招魂社，1878 年 12 月，主管东京招魂社的陆军省建议将东京招魂社正式改名为“靖国神社”。因为陆军省认为，随着日本对外政策向外向型调整，将来被合祀到招魂社的“英灵”会越来越多，与天皇、皇室的关系也越来越密切。为此，应将招魂社升格为与祭祀天皇祖先的神社同样的地位，即成为可以供天皇与皇族进行祭祀活动的神社。1879 年 6 月 4 日，明治天皇批准该请求，正式宣布将东京招魂社改名为“靖国神社”。

虽然从名称上看靖国神社也是神社，是诸多神社中的一个，但是它与传统神社最大的不同在于祭祀在神社中的“神”的特征。靖国神社中的“靖国之神”并非日本传统神道中的“神”，是其他任何神社都不可能祭祀的特殊的“神”。

为了说明靖国神社的理念与普通神社有着根本区别，有必要首先了解一下日本人的祖灵信仰。

原始社会初期，人们在崇拜自然神并对其进行祭祀的同时，由于对死亡及死亡同精神的关系的认识很模糊，所以一直认为人死后仍然会在另外的世界继续生存。那时放置死者的灵柩往往有孔，就是考虑到便于死者的灵魂能够运动到另外的世界。原始社会后期家庭制确立之后，人们不仅相信死去的前辈能够继续生存，而且还相信他们有能力对子孙后代赐福攘灾，予以护佑。而为了实现这一结果，就对祖先的亡灵进行祭祀和崇拜，因此就产生了“祖灵信仰”。

单纯的祖灵信仰是指子孙祭祀自己的祖先，期待祖先的灵魂对后代子孙的佑护。所以，祖灵信仰反映了家庭中“祖先与子孙”间的关系。而这一关系自然也扩展到更宽的家族关系中，所以家族的祖先自然就成为祭祀与崇拜的对象。

作为日本国家来说，是包括了众多大小共同体的更大的社会共同体，而日本的神话体系已确定了其最高的祖神即天照大神。在日本的神话体系中，天照大神既是皇室的祖先神，同时也是给日本人带来稻米的伟大之神，是天地间

1893 年的靖国神社铜制主牌坊（大鸟居）

“八百万诸神”的象征。在一般情况下，这种建立在对祖先的崇拜与祭祀基础上的祖灵信仰可以满足人们的社会需求。但是在特殊的时候，如战争时期，人们还需要寻求单纯的祖灵信仰以外的特殊力量　即特殊神的保护，这就产生了所谓的“守护神”的概念。对于一般的家庭来说，祖神与守护神往往处于同一位置，也就是说，家庭的祖神也充当了家庭的守护神的角色。但是对于一个共同体来说，家庭的祖神难以承担共同体守护神的角色，需要创造出特殊的守护神。在日本的许多村落中有所谓的“镇守様”　那就是村的守护神的形象。守护神其实是祖灵信仰的一种扩大的形式，在日本，这种被放大了的“祖灵信仰”被称为“御灵信仰”。

江户时代，祖灵信仰和对守护神的御灵信仰已经向民间传播了。但是，对于在明治维新后确立了近代国家意识的日本来说，为保持天皇制的稳固，在传统的守护神的基础上，还需要更明确的守护神。明治维新后，通过东京招魂社的建立和对战争中阵亡者的祭祀，“靖国之神’的意识逐渐明确起来。既然有了“靖国之神”的概念，当然需要为它设立专门的神社。于是，东京招魂社顺理成章地成了祭祀“靖国之神”的神社，这就是“靖国神社”。可以说，“靖国之神”的思想是以祖灵信仰为土壤，并发展为御灵信仰，而明治维新后日本的御灵信仰就是“靖国信仰”。可见，“靖国信仰”并非日本的传统。

二、什么样的日本人死后能够进入靖国神社?

大村益次郎和西乡隆盛同样是明治维新功臣，可他们的纪念铜像却被摆在完全不同的位置。这两人铜像的位置明确而生动地说明了哪些人能够被合祀在靖国神社，合祀在靖国神社的最基本的原则又是什么。

负责建设东京招魂社的大村益次郎是日本近代史上著名的军事家，1824年生于日本长州藩的医师家庭。受家庭的影响，他在青少年时期就学习医学。后来日本民族面临欧美资本主义列强压迫的危机，幕府为了维护其封建统治，决定改革落后的兵制兵法以加强日本的海防，为此广泛寻求人才。于是，大村益次郎放弃了村医的生涯，开始投身军事，逐渐成为日本著名的军事教育家。1866 年，在抗击幕府第二次征伐长州藩的战争中，大村益次郎亲自制定作战计

大村益次郎

19 世纪末的东京九段坂（靖国神社所在地）。右上小图为靖国神社内的两尊铜像，左侧为大村益次郎，右侧为川上操六（陆军大将，甲午战争中的日军参谋次长、对华谍报总负责人）。

划，并亲临战场指挥战斗，打败了幕府军，表现出杰出的军事指挥才能。

1868 年 6 月，大村益次郎奉命从京都来到江户，攻打盘踞在江户上野的幕府彰义队。彰义队有 2000 余人，从编制到武器装备都较先进，并有坚固的防御设施。鉴于敌军防守坚固、武器精良，大村益次郎制定了兵分三路的攻打上野的作战方案，仅一天便取得了最后胜利。这一胜利也确立了他在日本军队中的地位，后被誉为日本的“陆军之父”。这也是他被选定为东京招魂社主要筹办者的原因。

1869 年，46 岁的大村益次郎在京都遇刺身亡。鉴于他为天皇制所作的贡献，大村益次郎不仅被合祀在东京招魂社，而且在招魂社的最前面树立了他的全身铜制纪念像。

在东京，其实还有一尊与大村益次郎铜像形制十分相似的铜像，那就是位于上野公园中的西乡隆盛铜像。两尊铜像的风格虽然相近，但所处位置则遥遥相对。

东京上野公园内的西乡隆盛铜像

西乡隆盛本来也是为天皇权威的建立立下过赫赫功勋的政治家，他还被新政府任命为陆海军负责人。明治维新过程中，为消除封建割据局面，建立近代国家，使日本摆脱半殖民地危机，建立中央集权的国家政权，西乡全力支持明治政府废藩置县的改革。特别是在他成为陆军元帅兼近卫军都督后，主持参与了包括变革封建土地所有制、确立近代土地制度的地税改革及政治、经济和军事上的多项资产阶级改革。西乡隆盛的军事力量为改革顺利进行实施了坚强的保障。西乡隆盛、大久保利通和木户孝允三人被称为倒幕维新活动中的“三杰”。

但是，随着明治维新进程的逐渐深化，尤其是近代军队的建立触及原来在日本社会拥有特别地位的武士阶层后，西乡与政府的主张发生了分歧。西乡认为武士阶层是曾经与之同生共死的战友，不能成为维新的牺牲品。在军队改革实在无法容纳大量武士存在的情况下，他认为可以用发动对外扩张的战争来保证武士的出路，于是积极主张“征韩”和“征台”。不过，当时占主导地位的日本政治家如大久保利通等主张以“内治”为先导建立近代化的国家体系和后勤制度，然后才能展开对外征伐。天皇认可了这种与西乡相左的主张，西乡愤而向天皇递交了辞呈。

失势的西乡隆盛本来不想再介入政治，所以建立学校培养学生。但是，由于武士阶层在西南地区有相当强的势力，与政府间的矛盾终于在 1877 年爆发。当时，萨摩藩对政府不满的士族攻击鹿儿岛的政府军火药库，揭开了西南战争的序幕。西乡隆盛出于对武士的同情与支持，回到家乡鹿儿岛统率士族与政府对抗，但不幸失败。撤回鹿儿岛的西乡隆盛在负伤的情况下被部下杀害。就这样，原本为明治政府的建立付出巨大牺牲并名声显赫的维新领袖，在其生命的最后阶段竟成了政府的“叛贼”。

尽管晚年的西乡在政治上是维新政策的反叛者，但在道德品格方面，西乡始终是日本人心目中的英雄，特别是在西南地区威望极高。因此，1889 年明治政府施行大赦时，特赦他的“判逆罪”，撤销了他的“贼名”，并追赠其被剥夺的正三位官衔。但是，即使被恢复了名誉，还是由于发动过反对明治政府的叛乱，西乡不能被视为献身于天皇的“忠灵”，靖国神社中自然也没有他的位置。只是考虑到他对明治维新的功绩和在民间的威望以及人们对他的敬仰，遂将纪念他的铜像设置在上野公园。

从大村益次郎与西乡隆盛两尊铜像的位置就可看出，并不是任何在战争中阵亡的人都能够进入靖国神社，而是须经严格筛选，“为天皇献身”是最基本的原则。因此，用所谓“人死后既往不咎”来解释靖国神社的理念是说不通的。

三、靖国神社的经营特征——国有化

靖国神社从建成后就被作为“国家祭祀”的场所，与天皇、政府特别是军队有密切的联系。靖国神社的神祇官的委任和管理经费均来自内务省、陆军省与海军省，其实际地位远高于普通的官币社，在国家神道体系中处于极为特殊的位置。

天皇到神社参拜被称为“参诣”，本来是有先例的。平安时代（794—1192），天皇就开始参诣京畿内大的神社，但是后来中止了。只是到了幕府后期，为了支持对外夷的抵抗斗争，孝明天皇才从 1863 年开始重新参诣神社。后来的明治天皇也继承了这一传统。1874 年 1 月 27 日，明治天皇第一次参拜了东京

1932 年 4 月 27 日，主牌坊（大鸟居）前，参加完靖国神社传统春祭的日本天皇在车队护送下离开。

招魂社，这一行动被称为“御拜”。不过，在此之前，明治天皇曾“御拜”的神社基本是两类：一类是与天皇世系有关的神社，如供奉天皇祖神天照大神的伊势神宫、供奉御神体之一的热田神宫及为天皇出生进行祈祷的坐摩神社；另一类是作为皇族守护神的神社，如石清水八幡宫（京都的守护神）、住吉神社（大阪镇守）等。

所有这些天皇去过的神社，都属于等级比较高的由皇室出资经营的“官币社”或由政府出资经营的“国币社”。对于尚未列等级的神社，在此之前天皇连象征性的表示都没有。所以，天皇亲自参拜供奉自己臣属的东京招魂社，自古代天皇制确立以来还是第一次。可见，东京招魂社从建立之初就受到了破格的礼遇。天皇不仅参拜，而且在参拜后还亲笔给招魂社题字。在天皇参拜后，东京招魂社的职员便成为国家官员，正式由陆军省管理了。显然，天皇已将东京招魂社看作富国强兵的支柱。

1874 年秋，在佐贺的战斗中阵亡的 209 名官兵又被合祀到东京招魂社。

当时，陆军省发表公文，向日本民众和各地政权指出：被合祀到东京招魂社是对阵亡军人最优厚的待遇。陆军省的公文特别强调，被合祀的军人都是为日本国和天皇献身的人。而在东京招魂社举行的各种仪式，不仅是对被合祀在这里的军人们的祭祀，更重要的是对被合祀在招魂社中的军人‘英灵”的“慰灵”。陆军省的公文还说：人们在对阵亡的灵魂进行慰问的同时，也会受到阵亡军人们为国献身即为天皇献身的精神的鼓舞。特别是联系到连天皇都亲自参拜东京招魂社，并向阵亡的军人表示感谢，由此可见东京招魂社的地位和被合祀在这里的军人的待遇。陆军省的这一公文其实是在强调把东京招魂社作为对阵亡者的家属——遗族及全国国民进行效忠日本国家及天皇的教育场所，作为鼓励日本人为天皇去“忠死”的场所。

当时，日本政府开始对中国台湾出兵，这是日本明治维新后进行的第一次大规模对外侵略战争。对在这次战争中阵亡军人的态度如何，不仅关系军队的

甲午战争前的靖国神社，规模相当有限。

士气，更关系今后能否吸引更多的日本年轻人参军为天皇献身的问题。所以，日本政府特别需要把阵亡者合祀在东京招魂社并进行慰灵，以兹表彰与弘扬其精神。一旦合祀和慰灵的原则确立下来，以后无论任何时候新出现的阵亡者，就都要依此对待。当然，在军国主义的对外扩张政策逐渐成为日本的国策后，这样的被制度化的原则就成为军国主义教育的重要组成部分。东京招魂社显然在军国主义教育中具有重要的地位。所以，尽管在出兵台湾的过程中仅有 12 人

甲午战败后，清廷将台湾割让给日本，当地民众奋起抵抗日本占领军。图为当时日本《风俗画报》的临时增刊《台湾征讨图绘》，东洋堂发行，明治28年11月28日。

靖国神社内的皇族下乘碑

阵亡，仍然举行了盛大隆重的仪式，从而确立了对日本国民进行军国主义教育的重要的原则。此后，历次战争中阵亡的军人都被陆续合祀到东京招魂社来。

“东京招魂社”建立 10 年后，于 1879 年改名“靖国神社”，其等级为“别格官币社”。

明治政府将全国的神社分为“官社”和“诸社”两大类。由国家管理的“官社”又分为“官币社”（由皇室提供经费）和“国币社”（由国家提供经费），每种又分为大、中、小三等。这时的神道被政府利用，拿了政府的钱，成为具有特殊地位的“国家神道”。随着日本国家政治的演变，神道也自然与军国主义结下了剪不断、理还乱的复杂关系。

靖国神社继承了东京招魂社的传统，合祀的是为天皇献身的日本军人的“英灵”，当然属于国家出资管理的“官币社”。由于靖国神社与天皇及国家均有特殊的关系，由负责皇室的内务省和政府中的陆海军省提供资金，难以归入“官币社”或“国币社”的等级内，所以列为“别格官币社”。这也表明靖国神社中祭祀的主体与普通神社中祭祀的主体有很大的区别。

首先，从建立东京招魂社开始，这里的祭祀主体就与天皇、政府特别是军队有密切的联系。东京招魂社进行的招魂仪式，其对象一定是为天皇献身的日本军人。只要符合为天皇献身的原则，不论其军阶高低，也不管其出身贵贱，均被作为“英灵”召唤，与原来的“靖国之神”合祀在一起。

其次，东京招魂社的创建者是奉天皇命令的军务官，而不是普通的宗教人员。在神社神道与日本政治建立了密切的联系后，一般神社的神祇官归政府中的神祇省管理，其他的事务分别属教部省、内务省管辖。而东京招魂社改为靖国神社后，神祇官则全部由内务省管理，其他事务则由陆军省与海军省管辖。而到 1887 年神官制度改革后，靖国神社的神官的管辖也转到陆军省与海军省，与内务省完全分离了。

第三，靖国神社的实际地位也远远高于普通的官币社，与祭祀皇族祖神的神宫具有同等的地位。在国家神道的体系中，靖国神社处于极为特殊的位置。靖国神社自称具有“与祭祀天孙降临的出云大社同样的地位”，也就是说，从对天皇的忠诚的角度，只有出云大社与靖国神社两个神社具备条件。

靖国神社

是如何建立起来的?

ISBN 978-7-5085-2952-3

9 787508 529523 >

定价：58.00元

中国为什么反对日本政要参拜靖国神社系列

“中国为什么反对日本政要参拜靖国神社”系列

战后的靖国神社与战前有什么区别？

步平著

五洲传播出版社

"中国为什么反对日本政要参拜靖国神社"系列

战后的靖国神社与战前有什么区别？

步　平著

五洲传播出版社

图书在版编目（CIP）数据

战后的靖国神社与战前有什么区别？ / 步平著 . -- 北京：五洲传播出版社，2014.11
（“中国为什么反对日本政要参拜靖国神社”系列）

ISBN 978-7-5085-2952-3

I. ①战… II. ①步… III. ①靖国神社 – 研究 ②军国主义 – 研究 – 日本 IV. ① B981 ② D731.31

中国版本图书馆 CIP 数据核字 (2014) 第 259229 号

战后的靖国神社与战前有什么区别？

著　　者：步 平
责任编辑：高 磊
图片提供：萨 苏 FOTOE
装帧设计：北京正视文化艺术有限责任公司
出版发行：五洲传播出版社
地　　址：北京市海淀区北三环中路 31 号生产力大楼 B 座 7 层
邮　　编：100088
电　　话：010-82005927，82007837
网　　址：www.cicc.org.cn
承 印 者：北京利丰雅高长城印刷有限公司
版　　次：2014 年 11 月第 1 版第 1 次印刷
开　　本：889 × 1194mm 1/16
印　　张：1.5
字　　数：20 千
定　　价：58.00 元（共五册）

目录

战前与战争中的靖国神社从理论与实践的角度都成为日本军国主义的宣传机器，是日本扩大战争、动员民众的体系中不可缺少的一环。那时的靖国神社是国家的祭祀场所，是政府直接管理的机构。日本战败后，如果不能从根本上消灭靖国神社，首先要解决的就是靖国神社与国家的关系问题。那么，战后的靖国神社与战前和战争中的靖国神社有哪些差异呢?

日本皇后在战时参拜靖国神社。

一、“神道指令”废止神社神道，靖国神社地位岌岌可危

1945年8月15日，日本天皇宣布接受《波茨坦宣言》而投降。9月2日，在美国“密苏里”号战舰上签订了日本投降文书。以美国军队为首的同盟国军队进驻日本，建立了以麦克阿瑟为首的盟军总司令部（GHQ）。此后，盟军总司令部开始解散日本军队，撤销日本政府对政治自由的限制，使日本的军国主义迅速解体，同时开始了日本的民主化进程。

10月，盟军总司令部发布了备忘录，宣布确立信教自由的原则，取消一切对宗教团体的镇压的政策，允许自由讨论天皇、国体与大日本帝国政府的任何问题。这一备忘录表明盟军在日本强制推行民主化的进程明显加强。对制度层面的改革必然会影响到思想层面，多年控制日本人思想的军国主义思想体系也开始受到冲击。由于日本的军国主义思想体系与天皇制密切相关，而天皇制又与神社神道有直接的联系，因此，一旦否定军国主义，必然影响到战争期间培养国家主义和军国主义思想的场所，影响到宣扬战斗英雄与培养国民精神的场

1945年9月27日，日本天皇裕仁到东京盟军总司令部拜会麦克阿瑟将军。后来，在麦克阿瑟授意下，裕仁天皇发表了所谓“人间宣言”，不仅宣告了国家神道的废止，也使天皇制得以保留。

1946 年 5 月，远东国际军事法庭在东京开庭，审判日本的主要战争罪犯。

所，也就势必要影响到神社神道的体系。首当其冲受到冲击的就是与天皇制度有关的神社，而以靖国神社为首的包括各地的护国神社、“忠灵塔”、“忠魂碑”的军国主义教育体系成为最大且最重要的目标。因为该体系是在明治维新后建立起来并一再被政府申明不是宗教性场所，明显是实施军国主义政策的重要环节，是培育战争一代的基地。因此，占领日本的美国军队从一开始就将制裁这一体系作为摧毁军国主义的重要环节来对待。

1945 年 12 月 25 日，盟军总司令部发布了《关于废除日本政府对国家神道和神社的保证、支持、保全、监督与公布消息的备忘录》。备忘录的第一条明确提出日本国家与神社神道必须完全分离，第二条则提出包括神道教在内的所有的宗教都应与国家分离。由于这是明确日本国家与神道关系的文件，所以，该备忘录又被称为“神道指令”。

“神道指令”正式废除了多年来紧紧束缚日本人思想并为天皇制度确立宗教基础的国家神道。因此，神社神道虽然可以继续存在，但只能作为宗教的一种而存在。根据神社神道与国家分离的指令，日本政府应当停止一切对神社特殊的保护、监督，停止对任何神社的财政支持，废除政府中的神祇院，解散一切具有神道性质的官办学校，停止一切在学校中进行的神道教育，撤除学校中的有关神道的设施，从教科书中去掉一切与神道有关的记述；公务员及一般国民都有不参加神道活动的自由，废除对公职人员参拜靖国神社的要求。从建立之初就由陆军省、海军省和内务省共同出资管理的靖国神社，此时也到了必须改变的关键时刻。

废止国家神道，是因为过去的侵略战争是建立在神国思想和天皇中心主义的基础之上，国家神道是这一基础的外在表现。废除国家神道，也就明确了日本的政治与宗教要彻底分离这一原则。此后，靖国神社如果再以国家祭祀场所的名义出现，就是违背“政教分离”的原则，要遭到取缔。靖国神社如想存在下去，就只能以宗教团体的名义出现，不能与政治有瓜葛。从这一意义上说，“神道指令”对日本神道教及对靖国神社的影响都是划时代的。

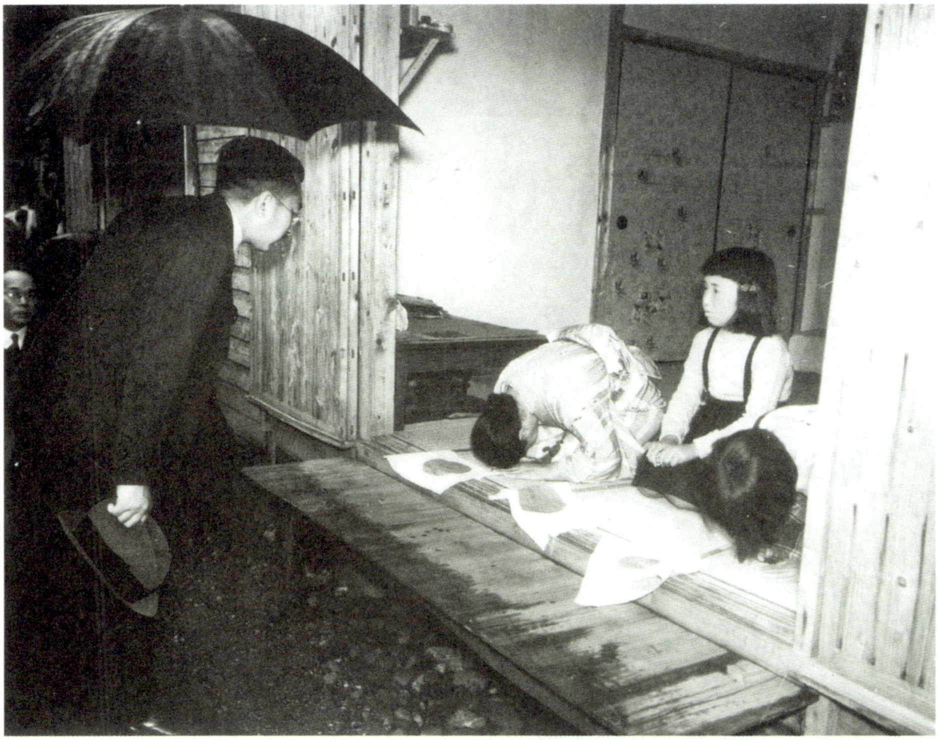

1949 年，裕仁天皇巡视大分县，探视一户阵亡士兵遗族家庭，军属铺陈日本国旗，对天皇叩首。

二、变为宗教法人——靖国神社的喘息机会

“神道指令”发布后，日本政府不得不选择把靖国神社“作为一个神社”即宗教法人来看待的原则，所以从那时起，靖国神社就已经不是，也不能够再成为国家宗祠。鉴于这种情况，战后初期有的日本人甚至主张废止靖国神社。

“神道指令”发布后，日本政府立即面临确定靖国神社地位的问题，即把靖国神社视为一般的宗教设施，还是用于纪念战争阵亡者的非宗教的国家设施。而且，盟军总司令部还要求日本政府必须在 3 个月内提出具体的措施。迫于盟军总司令部的压力，日本政府不得不在“神道指令”发布后立即宣布过去的宗教团体法作废，以天皇敕令的形式紧急公布了新的“宗教法人令”。根据新的法令，取消一切国家性的宗教团体与机构，所有的宗教团体都必须以宗教法人的名义出现。由于一切宗教都不再具有国家宗教的地位，事实上也完全取消了国家宗教，所以，靖国神社也毫不例外地成为宗教法人。可以说，这时的日本政府不得不选择把靖国神社“作为一个神社”来看待，而放弃了作为国家宗祠看待的原则。

靖国会馆外，作为财团法人的靖国奉仕会立下的永久奉仕纪念碑。

1946 年 1 月 1 日，昭和天皇发布了著名的所谓“人间宣言”，明确否认构成皇国史观核心内容的天皇的“神性”和“神格”，并且明确指出：根据传说与神话把天皇作为神，其实是为了强调日本民族的优秀和解释统治其他民族的合理性，但那样的做法实际上是将天皇架空。宣布天皇为“人”，坚持这一认识的彻底性，从而使国家神道再也没有继续存在的理由。2 月 2 日，日本政府又公布了“宗教法人令修正案”，宣布废除此前政府管理神社的神祇院官制及有关神社的一切法令，从制度上完全消灭国家神道，同时还宣布今后在皇宫的祭祀活动均属于天皇个人的行为。于是，自明治维新以来，控制日本 80 年之久的国家神道终于寿终正寝了，这是日本宗教史上值得纪念的大事。

那么，靖国神社在这一时期是什么状况呢?

由于盟军总司令部对靖国神社与护国神社在战争中的表现了解得一清二楚，所以，自始至终对其印象极其恶劣。1952 年 1 月 28 日，宗教法人法开始实施。靖国神社于 9 月获得东京都知事的认可，成为独立的宗教法人。此时的靖国神社深知如果继续维护国家神道的地位，保持靖国神社与国家的关系，就等于坚持战前的道路，那它将不被盟国承认，也不可能继续存在。所以，靖国神社便作为宗教法人发表声明，表示将遵守与“神道指令”有关的一系列规定。这样一来，在国家神道不复存在的情况下，虽然靖国神社同战前一样仍举行神道仪式，使用“弘扬神德”、“教化养成”等概念，但理论上已不再具有战争时期的国家祭祀的意义；所谓的“慰灵”，当然也不是国家行为了。此时靖国神社进行的活动应当属于宗教性的活动。可见，战后初期靖国神社的性质发生了变化。从这一角度看，我们不能认为战后的靖国神社仍然是进行国家祭祀的地方，也不能认为战后的“靖国神社不是宗教设施，不是宗教性团体”。

当然，靖国神社的变化是出于无奈的。它与政治脱离完全是被动的，废除国家神道也是迫于外来的压力。因此，即使成为宗教法人，靖国神社的活动也很难真正摆脱与过去战争的关系，其立场也是相当明显的。靖国神社仍然同以前一样，把战殁者作为“英灵”进行慰灵、彰显等活动，仍坚持认为这里祭神的死与其他的死有截然区别，仍然褒奖那些成为“英灵”的战死者。从教义及宗教设施的角度观察，战前与战后的靖国神社其实没有变化。

战后初期，许多日本人还处于战败的“虚脱”状态，思想几乎是一片空白，没有来得及思考靖国神社的问题。而且，当时有人认为靖国神社之所以成为问题，只是由于盟军总司令部的关注。如果排除这一原因，靖国神社是不成为问题的。

当然，也还是有一些人进行了深刻的反思与思考，当时的报人、后来成为日本首相的著名政治家石桥湛山就提出了“靖国废止论”。他认为废止靖国神社可以使人们思考这场战争为什么发生，从而树立“建立真正的放弃武装的和平的日本，同时为世界作出贡献”的信念。他还认为：对于从发动“九一八事变”以来处于日本军队上层的那些人来说，应当有自己是罪人的意识。

石桥湛山的观点说明他清醒地认识到建立在御灵信仰基础上的靖国神社问题的本质所在，也认识到了“大东亚战争”的问题所在。尽管石桥湛山的观点中还有许多值得商榷的地方，但是仍然反映了当时日本国民中强烈的废止靖国神社的声音。可是，作为宗教法人的靖国神社，却并没有那样的自觉。它仍然在进行与战前相同的宗教活动，而且要竭力恢复享受从国家那里得来的特权。于是，围绕这一问题，出现了战后关于靖国神社地位的争论。

三、《靖国法案》——恢复国有化的叫嚣

冷战开始后，“蛰居”的靖国神社开始活跃起来，一方面，以对 200 多万在太平洋战争中阵亡者的合祀为突破口，扩大了自己的影响；另一方面，则通过战争遗族对政府施加的压力，争取到了政府在某些方面的配合。虽然还没有完全实现“国营化”，但是已经向这一目标迈进了重要的一步。

本来，根据“神道指令”与战后初期的形势，作为国家神道代表性机构的靖国神社能否继续存在下去都很难保证，它作为国家神社的合法性更出现了问题，最终通过将其作为宗教法人的方式总算维持了它的继续存在。但是，随着事态的发展，对于靖国神社的处理居然发生了意想不到的 180 度的变化。究其根源，主要是战后国际局势发生变化，美苏“冷战”开始。

1948 年，美国的对日政策由原来的制裁日本转为扶植日本作为其在东亚的“不沉的航空母舰”。于是，东京审判草草收场。1950 年朝鲜战争爆发，两大阵营的冷战一度发展为“热战”。这时的美国已经不再关心日本的非军事化、民主化的问题，而是迫切希望日本加入西方阵营。1951 年 9 月，美国在中国没有参加、苏联没有签字的情况下签署了旧金山和约，实现与日本的单独媾和，并通过签署日美安全保障条约建立了美日军事同盟。战后的国际局势发生了重大的变化。

旧金山和约签订后，日本战犯陆续回归政界，日本政治出现了“逆流”。1952 年 5 月，由日本政府主持，在新宿御苑举行了全国性的追悼战殁者的仪式，天皇和皇后都参加了。10 月，天皇和皇后又参拜了靖国神社。虽然这是战后七年来的第一次，而且靖国神社已经成为民间宗教法人，但天皇的参拜对靖国神社仍然有特别的意义。同时，靖国神社还得到了战后一直没有得到的土地，而且一下子就是 3 万坪（1 坪约为 3.305785124 平方米）。对当年侵略战争的评价也出现了微妙的变化，主张要“对于殉国的英灵必须进行彰显”、要把靖国神社作为彰显英灵的神社的认识开始流行。

靖国神社当然不会错过这一大好时机。从 1952 年开始，就着手实施要求恢复靖国神社由国家加以管理（护持）的策略。靖国神社宣称：合祀在靖国神社中的“英灵”是为日本国家献身，而国家不能抛弃为国献身的人。其实，靖国神社明知在经历了战后审判后，国际社会已经明确了日本发动战争的非正义性和侵略性，之所以还提出国家管理的要求，是企图利用失去亲人的日本战争遗族的感情。

然而，如果靖国神社真的实现“国营化”，它就可以将所有祭祀活动都冠以国家名义“名正言顺”地进行。而一旦这样，为国尽忠的“英灵”的名义就完全得以恢复，“大东亚战争”的理论又可以冠冕堂皇地在社会上流行了。也就是说，靖国神社一旦“国营化”，就具有了战前国家神道时的特殊地位，就可以把日本发动非正义侵略战争的历史之案彻底翻过来了。

将靖国神社再度与国家联系起来，将突破“神道指令”的限制，难度很大，不可能一下子实现。于是，靖国神社采取了一系列的步骤有计划地推进。

第一步，靖国神社提出要对 200 多万太平洋战争中的阵亡者加以合祀。

如前所述，在国家神道被正式废除前，靖国神社还坚持要把所有的阵亡者合祀进去。但是，由于战争刚刚结束，还来不及对阵亡者进行准确的调查和统计，所以当时的合祀无法将阵亡者的姓名等准确地写在灵玺簿上。待政局基本稳定下来后，靖国神社立即要求按照以往的合祀规则加以弥补，对阵亡者实施正式的合祀。

第二步，由于阵亡者分布在全国各地，靖国神社作为宗教团体进行全面调查和统计是相当困难的，所以，它要求日本政府介入，而且强调政府对为国家牺牲的人员进行调查是义不容辞的责任。

当时，日本政府中的原陆军省与海军省已经分别改为“第一复员省”和“第

靖国神社游就馆本馆正门右侧竖立的“特攻勇士”青铜像，用来纪念二战后期对盟军发动自杀式袭击的“神风特攻队”。

靖国神社内的石灯笼，上面有多幅对外侵略战争题材的浮雕。美军占领期间，浮雕曾被以混凝土填充，1957 年复原。

石灯笼上的青铜浮雕之一：1933 年攻占热河

田中支队忠魂碑，用来纪念 1918 年干涉俄国革命而在西伯利亚全军覆没的步兵第 72 联队第 1 大队。最早建于 1934 年，美军占领期间从靖国神社附属地撤离，1968 年 2 月重建。

二复员省”，后来又合并改为“引扬援护厅”，其职责也转为负责各地投降日本军队的撤离，包括统计阵亡人员的情况、编制各部队的资料等。厚生省中成立的“援护局”则负责民间人士的撤离及各种资料的统计工作。这本来是一项由政府组织进行的正常的战争善后工作，可厚生省竟然在 1956 年发出了一个不同寻常的通知，要求各都道府县配合靖国神社搜集阵亡者的种种信息。也就是说，在厚生省和各都道府县确定阵亡者的名单的时候，还要将阵亡者的情况登记在靖国神社制作的“御祭神名票”卡片上，汇总后送给靖国神社。这说明战后的日本政府又与靖国神社走到了一起。在日本，这被认为是“官民一致”的活动。

第三步，即在对各地报送的名单进行确认后，由靖国神社将阵亡者的情况用毛笔恭恭敬敬地写在灵玺簿上，计划进行合祀活动。为了扩大影响，靖国神社还联系战争遗族，通知他们来东京参加祭祀活动。这样一来，祭祀活动将花费巨额资金。而靖国神社认为这笔资金应当由政府承担。

战后初期，日本全社会都对战争阵亡者给予很大关注。此时靖国神社又把遗族推出来将政府一军，政府骑虎难下，靖国神社的地位却得以突出。这才是

1958 年建立的军马慰灵像

其主要目的。但是，日本政府担心被美国占领军当局批评违背“神道法令”，所以没有直接应允靖国神社的这一要求。不过，政府还是通过手中控制的国营铁路，宣布为到东京参加合祀的遗族每家提供两张 5 折车票，以示对阵亡者的怀念和对遗族的关怀。

第四步，在确认名单的同时，靖国神社还利用募集到的经费每年举办合祀活动。到 1959 年，200 多万阵亡者基本上被陆续合祀到靖国神社。在战后的审判中被确定为乙、丙级战犯而死亡的那些人，也作为祭神被合祀到靖国神社中。而被确定为甲级战犯而处死或死亡的那些人，虽然在 1966 年被“御祭神名票”收录了，但还没有被合祀到靖国神社。

此外，为了恢复靖国神社的性质，实现“国营化”，靖国神社与各地护国神社的神职人员都积极进行了有组织的活动。

靖国神社通过上述一系列的活动，一方面实现了对阵亡者的合祀，扩大了自己的影响；另一方面，则通过对政府施压，争取到了政府某些方面的配合，仍得到国家的特别关照。这样看来，尽管战后作为宗教法人的靖国神社还没有完全实现“国营化”，但是已经向着这一目标迈进了重要的一步。

在军国主义思想倍受警惕的战后初期，靖国神社如此狂热地试图恢复战前及战争中的国家神道地位，可以想见它肯定得到了强有力的政治势力的支持。那么，这种势力在哪里呢？日本的右翼势力和坚持侵略战争历史认识的军国主义分子当然支持靖国神社的主张，但那些人毕竟是少数。分析这一问题，还需要从日本战争遗族的角度进行考察。

四、靖国神社对战争遗族的利用

战争遗族本来是日本社会中苦难的阶层，他们争取政府的补偿本来也是合理的要求。但是，由于涉及对阵亡者的政治评价，遗族的感情难以逾越根深蒂固的靖国思想，难以脱离战争时期灌输给人们的“英灵”与“慰灵”的认识，难以摆脱靖国神社这一精神枷锁，所以他们成为支持靖国神社“国营化”活动的主力。

所谓战争遗族，就是在战争中阵亡军人的家属，主要是前面谈到的“九段之母”或“靖国遗儿”等。战争遗族是日本一个很特殊的社会阶层。在战争中，日本政府竭力宣传与普及所谓的“军人援护”思想，从物质与精神两方面给予遗族以“优待”。1938 年，日本政府将对战争遗族进行援助的机构与团体合并，成立了“恩赐财团军人援护会”，全面协调对战争遗族的援助活动；1939 年又成立了正式的行政组织“军事保护院”，负责从经济与生活上对遗族进行帮助。对军人与遗族的经济援助当时被称为“恩给”。而且，军人战死被合祀到靖国神社成为“英灵”后，他们的亲属也因此成为“光荣之家”而拥有很高的社会荣誉。他们会被邀请到靖国神社参与连天皇都出席的招魂仪式、合祀仪式和参拜活动。

日本政府建立这种针对遗族的“官民一体”的优待制度，其目的当然还是为了让更多的人积极参加到战争中。可见，对遗族的政策是其战争总动员的一个重要组成部分。正是基于此，盟军司令部认定对军人的“恩给”是助长日本军国主义的主要原因之一，并于 1946 年宣布停止对军人的“恩给”制度，废止了“军事保护院”等组织。战争中建立的对军人与遗族的援护体制崩溃了。

应当承认，战死的人往往是其家庭的主要支柱，或一家之主，或重要的劳动力。他们阵亡后，对遗族来说既承受失去亲人的精神痛苦，又要承担失去家庭骨干而生活贫困的物质压力。日本政府正是利用了这一情况，通过对军人的“恩给”和对遗族的援护来转移国民对战争的不满与消极。然而，一旦停止了对遗族的援助，这些遗族家庭也确实因此陷入困境。加上“神道指令”公布后，对遗族精神上的支持也不复存在。与战争中的情况相比，遗族的确感到相当明显的落差。

面对生活与感情上的巨大落差，战后初期就有遗族提出要联合起来“自救”。这一呼吁立即得到相当广泛的响应。1946 年 6 月，一部分遗族代表在东京召开大会，决定成立遗族自己的组织。1947 年 11 月 17 日，在东京成立了遗族团体——“遗族厚生联盟”。

在当时的环境下，成立遗族的组织必须经盟军总司令部的批准。起初，盟军总司令部担心此举会煽动战争情绪而迟迟不予批准。后来，在遗族作出三项承诺的情况下，盟军总司令部才批准成立。这三项承诺是：不能只是战场阵亡者的遗族参加，要吸收为社会公共事业牺牲的人的遗族参加；只能以遗族间生活方面的相互帮助为目的；现任官员、被开除公职者和原职业军人不得参加。

1951 年 2 月 23 日，在东京召开了第一届有 3000 人参加的全国遗族代表大会，在“遗族厚生联盟”成立章程中写入了战后初期流行的“防止战争与维护世界和平”的口号。而且，联盟还明确将自己的活动限于社会扶助性公益事业。

1974 年建立的母亲铜像，是为了向因战争而失去丈夫、独自抚养孩子的母亲表示谢意。多生孩子是战争时期日本女性肩负的“任务”。

但是内幕显示，靖国神社从一开始就插手了“遗族厚生联盟”的组织。问题也由此变得复杂起来。在遗族着手成立自己组织的时候，靖国神社的事务总长、原大本营参谋大谷藤之助就曾到各地鼓动遗族成立组织。当各地纷纷建立机构后，大谷又推举自己的密友，原贵族院议员、静冈县遗族会会长长岛银藏担任全国性的“遗族厚生联盟”的会长。1950 年，长岛银藏以得票率第 10 位当选为参议院议员，预示着遗族作为一种势力开始在政治舞台上崭露头角。

1949 年 2 月 10 日的《日本遗族厚生联盟会报》（后改名为《日本遗族通讯》）创刊号刊登了“遗族厚生联盟”的事务局长森田俊介的文章，文章指出：“遗族比任何人都期待永久的和平。因为遗族们在战争中失去的自己的父亲、丈夫和儿子们，并不是喜好战争的人，他们是接受了命令不得不奔赴战场，从而在战争中阵亡的。”但是接下来，森田的语调一转，又提出“因此，这些阵亡的人们可以说是和平日本的基础，我们应为他们亡灵的安息寻找一种方法”。

前一段话确实表达了众多遗族的内心想法。对于许多日本人来说，他们的确是被胁迫卷入战争的。但是，从后一段话我们则看出，许多遗族仍在强调阵亡者对日本的贡献和靖国神社的“慰灵”原则。可见，不管遗族如何痛恨战争、期望和平，但在他们看来，不管战争的性质如何，自己的亲人始终是为国家牺牲的。在这种认识下，他们势必难以逾越根深蒂固的靖国思想，难以脱离战争时期灌输给人们的“英灵”与“慰灵”的认识。而这正是靖国神社能够牢牢地抓住遗族，而遗族也难以摆脱靖国神社这一精神枷锁的根本原因。

1952 年，许多遗族强调自己亲人“为了国家”战死的意义，要求政府提高慰问金额度。遗族会的这一诉求目标十分接近靖国神社的政治要求。而到了 1952 年，日本第四次全国战殁者遗族大会的宣言明确提出“我们要对为国家殉职的人们进行慰灵”，而且鉴于以往靖国神社与护国神社的慰灵活动都是由国家经费或地方政府经费支出，所以“仍要由公费支出慰灵的费用”。这是战后日本人第一次提出由国家负责靖国神社慰灵费用的诉求。从此，靖国神社的“国家护持”问题就成为日本社会重要的政治问题，而遗族正是促进这一问题政治化的主要力量。

1953 年 3 月，“财团法人日本遗族厚生联盟”正式更名为“财团法人日本遗族会”（以下简称“遗族会”）。然而，这并不是单纯的改名。遗族会的宗旨被重新表述为：“增进遗族福祉；开辟慰藉救济之路；努力弘扬道义、涵养品德；建设和平之日本。”这与原来的“防止战争；确立世界持久和平；为全人类的幸福作出贡献”三项原则比较，有着根本差别。

以靖国神社为题材的日本邮票

遗族会建立后，立即把彰显“英灵”作为主要的努力目标。而这时日本社会也发生了变化。1964 年，日本首相池田勇人提出要为战殁者授勋，而小说家兼评论家林房雄则明确提出“大东亚战争肯定论”。

尽管不是所有的战争遗族都愿意加入遗族会，但考虑到 200 万被合祀到靖国神社的阵亡军人背后近 800 万人左右的遗族基数，日本政治家岂能忽视这一巨大的政治力量。许多政治家将这一集团视为自己的主要选票来源，并千方百计迎合遗族会的要求。尤其是日本的右翼与保守势力，更是竭力想把遗族会变成符合其政治需要的力量。

日本右翼势力就利用了遗族的战争被害心理，使日本遗族会明确地建立起否认侵略战争责任的战争观。最直接的证明就是，遗族会机关报《日本遗族通讯》修改了使用 10 余年的报头标语，将“和平”、“防止战争”和“全世界的幸福”三原则修改为“显彰英灵，增进战殁者遗族的福祉，开辟救济慰藉之路，弘扬道义，涵养品性，为建设和平日本作贡献”。之后，任何一个日本政治家发表承认侵略战争责任的讲话，都会遭到遗族会的攻击。遗族会被右翼和保守势力操纵，导致日本的政治生活中表现出明显的保守政治倾向，并对日本历史修正主义认识的产生有很大影响。

这样，遗族会逐渐成为选举中举足轻重的“压力团体”。在遗族会中有很大影响力的“日本遗族政治联盟”曾在 1986 年威胁当时的自民党政要说：如果停止正式参拜靖国神社，属于该联盟的 16 万自民党员将退党。特别是自 1993 年起，自民党在议会中的多数地位受到严重挑战，一党执政的“五五体制”崩溃，直到今天仍不得不与其他政党实行联合执政。在这样的背景下，争取遗族会等“压力团体”的选票对于自民党来说是迫切的政治需要。这也就是保守派的政治家一再参拜靖国神社的重要的出发点。

五、靖国神社的“国营化”提案

如前所述，在靖国神社的频繁活动与遗族的要求下，靖国神社“国营化”的问题开始成为社会性的问题，引起了日本社会各界的关注。1956 年，关于靖国神社“国营化”问题，在日本社会基本上形成了推进派、有条件的支持派和反对派三种态度。

社会党与其他日本社会进步力量明确反对靖国神社“国营化”，认为这是复活国家神道的借口；自民党中的多数议员也认为，作为宗教法人的靖国神社不能由国家管理，如果国家管理，必须去掉靖国神社的宗教色彩与神道色彩。根据这一理论基础，自民党提出了《靖国神社法草案要纲》；神社本厅与全国神社宫司会以及遗族会等团体则坚持在靖国神社进行传统的祭祀，也就是恢复国家神道的活动，是靖国神社“国营化”的推进派。推进派非常活跃。1963 年遗族会发表“靖国神社法要纲案”，并向政府和自民党进行游说，发动各地的

战后曾任日本首相的鸠山一郎战时到靖国神社参拜。

夜间参拜的高官，依然要有周围民众迎送的噱头。

地方议员在本地提出同样的议案。1966 年，日本政府不顾许多国民的反对，发布政令宣布将每年的 2 月 11 日确定为“建国纪念日”。而在战前，这一天是所谓的“纪元节”，是日本神话中神武天皇建国的日子。由于这一纪念与鼓吹神国日本有密切的联系，也是日本军国主义产生的原因，所以“纪元节”在战后已经被废除。1966 年前，自民党多次向国会提出将这一天确定为“建国纪念日”，但曾 8 次遭到否决。这一次被确定下来，显然是对靖国神社“国营化”推进派的巨大鼓舞。于是，遗族会不失时机地发动了 2350 万人签名请愿，要求国家经营靖国神社，并将请愿书送到了国会。

这期间，靖国神社也在竭力争取社会各界的认可，特别是扩大在自卫队中的影响。自卫队一旦出现了殉职者，靖国神社或护国神社立即迫不及待地将其合祀进去，甚至都不征得殉职者家属的同意。1966 年 7 月，日本自卫队曾计划让海上自卫队的远洋航海部队在全副武装的情况下，由军乐队伴奏参拜靖国神社。自卫队企图以此昭示今后开始参拜靖国神社。不过，因担心这一行动将自

靖国神社大鸟居 1943 年曾被解体用于战争物资，此后改为木制，1974 年以青铜重建。

卫队置于与战前日本军队同等的地位，会遭到舆论的强烈批评，这一计划被终止。但是，仍然有 160 名自卫队员声称是根据自己个人的意志而排着整齐的队伍，喊着口号参拜了靖国神社。至于各地的行政首脑以及自卫队的干部分别参拜当地护国神社的情况，更是屡见不鲜。

在靖国神社“国营化”推进派强有力的积极活动下，自民党的态度也开始变化。1967 年 6 月，自民党内部经过反复的研究与讨论，准备向国会正式提交“靖国神社法案”。该法案主张以 1968 年明治维新百周年、1969 年靖国神社创建 100 周年为契机，由政府进行隆重的纪念，同时由国家经营靖国神社。

自民党提出的“靖国神社法案”立即在国会掀起了轩然大波。革新政党和民主势力坚决从政治上表示反对。他们批评法案依然同战争中一样鼓吹“英灵”、主张原封不动地继承靖国神社的祭祀方式，认为这是政治与宗教的结合，违背了日本的宪法精神。宗教界的许多议员也站在“信教自由”的立场上对法案进行批判。自民党自认为这一主张迎合了靖国神社“国营化”推进派的主张，但遗族会与神社本厅却并不买账。他们认为这一法案仍然缺少宗教色彩，不符合靖国神社“国营化”的要求，竭力加以阻挠。所以，法案没有提交到国会。又经过两年多的讨论，战争遗族的议员协议会内部总算形成了统一的认识，自民党总务会议上也确定将其作为自民党的提案向国会提出。1969 年 6 月 30 日，自民党正式向国会众议院提交了《靖国神社法案》，而这一年正是靖国神社创建 100 周年。于是，围绕靖国神社“国营化”的争论，从社会转到了国会。

中国为什么反对日本政要参拜靖国神社系列

“中国为什么反对日本政要参拜靖国神社”系列

参拜靖国神社为什么成为敏感话题？

步 平 著

五洲传播出版社

图书在版编目（CIP）数据

参拜靖国神社为什么成为敏感话题？ / 步平著 . -- 北京：五洲传播出版社，2014.11
（“中国为什么反对日本政要参拜靖国神社”系列）

ISBN 978-7-5085-2952-3

I. ①参… II. ①步… III. ①靖国神社－研究 ②军国主义－研究－日本 IV. ① B981 ② D731.31

中国版本图书馆 CIP 数据核字 (2014) 第 259231 号

参拜靖国神社为什么成为敏感话题？

著　　者：步 平
责任编辑：高 磊
图片提供：萨 苏 中新社 FOTOE
装帧设计：北京正视文化艺术有限责任公司
出版发行：五洲传播出版社
地　　址：北京市海淀区北三环中路 31 号生产力大楼 B 座 7 层
邮　　编：100088
电　　话：010-82005927，82007837
网　　址：www.cicc.org.cn
承 印 者：北京利丰雅高长城印刷有限公司
版　　次：2014 年 11 月第 1 版第 1 次印刷
开　　本：889 × 1194mm 1/16
印　　张：1.75
字　　数：20 千
定　　价：58.00 元（共五册）

目录

在推动靖国神社“国营化”的过程中，自民党提出的《靖国神社法案》对日本社会的影响最大。但是，这一法案6次向国会提出，6次被否决，说明遇到了极大的阻力。日本国民对靖国神社的“国营化”怀有极大的疑虑与担心。正是在这样的背景下，政治家参拜靖国神社的问题被提了出来。

靖国神社门前合影的游客

一、从《靖国神社法案》到《慰灵表敬法案》

（一）《靖国神社法案》——“国营化”的企图

自民党在 1969 年 6 月向第 61 届国会提交了《靖国神社法案》。该法案共分 8 章 39 条，文字虽然很多，但核心思想可以概括为：解散作为宗教法人的靖国神社，将其作为特殊法人重新组织，置于内阁总理大臣的监督之下，每年由国库提供 2 亿日元的经费。也就是说，该法案明确主张将靖国神社重新改为国家神社。

但是，法案所依据的却是一个很奇怪并且是矛盾百出的逻辑。如前所述，推进靖国神社“国营化”的势力竭力回避靖国神社的宗教性质，否认靖国神社是宗教团体。因为只有这样才能拉近靖国神社与国家和政治的联系。该法案确实也提出改变靖国神社的宗教法人地位，但是，离开了宗教又何来神社？说把

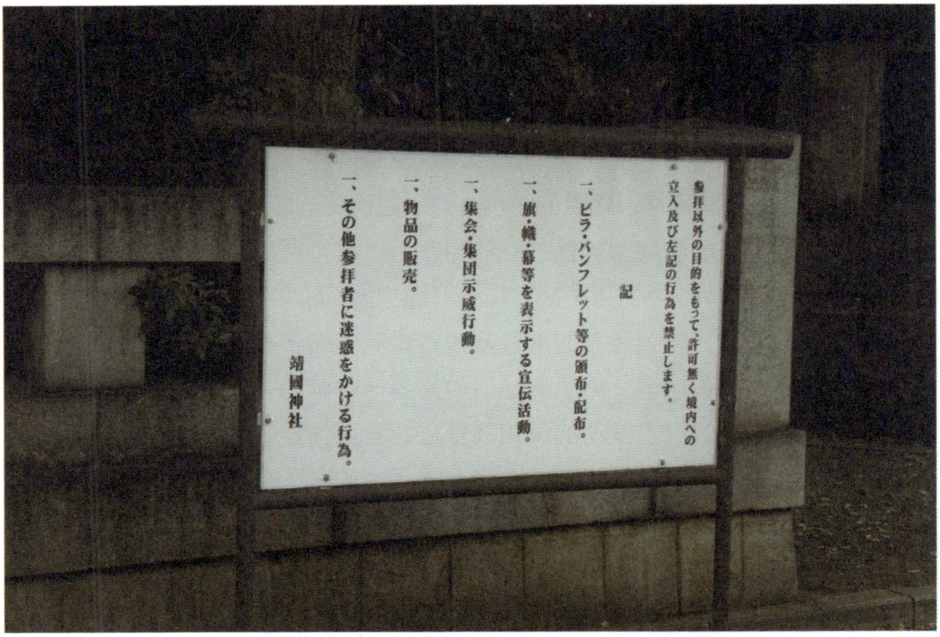

靖国神社的命名自称是“为了祖国的和平”，但按照这块警示牌上的说明，如果在其内从事和平主义的活动，依然会被禁止，因为这里规定只允许参拜。

1937 年日军攻占南京时使用的旗帜，依然被保存在靖国神社中。

靖国神社改成所谓的特殊法人，但却又要由总理大臣监督，还可以得到国家财政支持，说穿了就是变相的政府机构，就是想把靖国神社作为国家建立的英雄纪念碑或纪念馆来看待。而这样一来，也就使靖国神社回到了战前和战争中的特殊地位，回到了国家神道猖獗的时代。这不是历史的倒退又是什么呢?

法案的第 1 条明确靖国神社的目的与宗旨，其中提出：靖国神社是为了国民表达对战殁者和为国家殉身的英灵的崇敬的心情而建立的，人们在靖国神社中敬仰英灵的品德、歌颂英灵的事迹及进行对英灵表示慰藉的“慰灵”，以使其伟业发扬光大。在这里，仍明确地对战殁者一律称为“英灵”，可见同战争时期一样，仍旧是对日本发动的侵略战争进行全面肯定。使用“慰灵”等特定的宗教概念，又强调“英灵”与日本国家的关系，实际是给宗教的概念赋予“公”的意义。也就是说，自民党已认可把靖国神社中的宗教性活动原封不动地搬过来，作为国家性的活动。这是对“政教分离”的宪法原则的极大的藐视。

其实，这一法案的起草人对使靖国神社国有化也感到心虚，担心被指责违背日本宪法，所以在第 2 条中特别加了一个“解释规定”，称：本法案虽然使用了“靖国神社”这一概念，但只是考虑到靖国神社一词自创建以来的悠久历史，要将这里的靖国神社视为原来宗教团体意义上的机构。在后面的条款中，还强调法案中靖国神社的“非宗教性”，称不像原来的靖国神社一样以特定的教义对信者进行教化培养。但是，这样的解释更令人感到法案的真正目的其实是打着宗教的旗号使靖国神社真正成为国家的祭祀场所，有“欲盖弥彰”之嫌。

从该法案的其他条款来看，法案中的靖国神社无论在名称及活动内容上，与当前作为宗教法人的靖国神社其实并没有任何的区别。如在第 22 条中关于新的靖国神社的活动内容部分就称：考虑到靖国神社创建以来的传统，要进行如下的活动：（1）将战殁者的姓名等资料登记及将花名册恭敬地安放到靖国神社中；（2）为敬仰英灵的品德，在靖国神社中举行各种慰灵活动；（3）为歌颂英灵的事迹和表达对英灵的感激，在靖国神社举行各种仪式；等等。这些活动无论从内容及形式上来看，都是作为宗教法人的靖国神社的核心活动，其实也是战前和战争中作为国家神道主要阵地之一的靖国神社的主要任务。

《靖国神社法案》的第 3 条还规定：战殁者和为国家殉身者的确认，应根

在中国战场被击毙的日军师团长，也入祀靖国神社并被作为英雄介绍。

挂有战争时期军队番号的树木，让人看到那支因为侵略罪行被解散的所谓“皇军”在今天的存在感。

据政令规定的基准，由靖国神社提出、内阁总理大臣决定。如果依照这样的规定，确定新祭神的决定权从靖国神社转移到总理大臣手中，就更加突出了靖国神社“国营”的性质。所以，自民党的《靖国神社法案》又被称为靖国神社“国营化”法案。可以想象，这样的法案肯定会在日本社会引起强烈的反响。

在自民党持续不断地向国会提交《靖国神社法案》的时候，日本社会的各政党、团体与阶层的人士也相继作出反应，反对的声浪越来越强烈。各宗教团体的反应最迅速，特别是基督教与佛教团体掀起了规模很大的运动。到 1973 年，来自立正佼成会、妙智会、元应教、善邻会等新的宗教团体的反对署名就有 1100 万人。至于基督教各团体和创价学会等大的团体的抗议力量就更大了。市民层面的抗议活动也很踊跃。一时间，“靖国问题”成为日本社会普遍关注的问题。不仅是日本国民，连在日本的朝鲜人团体和亚洲许多国家的人们也都关注着靖国神社问题的发展。

由于全部在野党都强烈反对自民党的《靖国神社法案》，基督教团体、佛教团体、创价学会、佼成会及和平组织也对《靖国神社法案》提出了激烈的批评，所以，该法案在还没有完成审查的情况下就被宣布为废案，没有提交国会讨论。这样，从 1969 年起，自民党连续六年提交国会审议《靖国神社法案》，但六次均被作为废案，使在议会中占绝对多数的自民党大受挫折。从 1974 年开始，由于在野党的议员比例有所增加，基本上达到了与执政的自民党相当的比例，自民党不再可能像在众议院那样强行通过《靖国神社法案》，于是自民党不得不再考虑另外的方法。

（二）《慰灵表敬法案》——自民党的“迂回策略”

在参议院选举中出现了执政党与在野党的比例相当的情况下，自民党想在参议院强行通过《靖国神社法案》的计划已经破产，但是将靖国神社“国营化”的目标仍未改变，于是自民党考虑通过迂回的方式来实现。

1975 年，自民党议员藤尾正行和国会对策副委员长三原朝雄提出从实际出

2002 年 8 月 15 日，日本战败 57 周年纪念日，一群穿着原日本帝国“皇军”军服的人趾高气扬地在靖国神社门前来回游走。

2005 年 8 月 15 日，一群日本地方议员打着旗帜，招摇过市，前来参拜靖国神社。

2013 年 10 月 18 日，靖国神社进入秋季例行大祭第 2 天，日本国会超党派团体“大家都来参拜靖国神社会”159 名国会议员前来进行参拜。

发，把自民党原来实现《靖国神社法案》目标的活动转换为以实现“正式参拜”为目标的运动，首先在自民党内部提出名为“慰灵表敬法案”的建议。这一建议的主要内容包括四个方面：第一是促成天皇与国家机关人员正式参拜靖国神社；第二是促成外国使节正式参拜靖国神社；第三是促成自卫队仪仗队整队参拜靖国神社；第四是将法案的名称确定为“关于向为国殉职人员的表敬（典仪）的法律案”。藤尾等人认为：此前六次在国会的失利证明一下子实现《靖国神社法案》难度相当大，因此应当采取分阶段实施的策略。即第一阶段首先促进实现上述三类公职人员对靖国神社的正式参拜，特别是促使天皇与国家机关人员对靖国神社的正式参拜。如果这一步得以实现，就等于证明了靖国神社与国家的特殊关系，也就间接地实现了靖国神社的“国营化”。那样，距靖国神社真正的“国营化”也就只有名义上的差别了。

藤尾的主张被称为“阶段论”，所以《慰灵表敬法案》又被称为《靖国神社法案》的“迂回法案”。也就是说，正面在国会通过《靖国神社法案》没有希望的情况下，从侧面进行迂回作战，先实现上述《慰灵表敬法案》。

需要说明的是，藤尾在这里提出了“正式参拜”（在日语中表达为“公式参拜”）的概念。那么，什么是“正式参拜”呢？藤尾在这里并没有提出关于“正式参拜”的具体内容，但是，在以往对靖国神社的参拜中，确实有各种不同的情况。一种参拜是作为阵亡者的亲属从“私”的角度，对与自己有亲属关系的阵亡者表示怀念。这种参拜没有明确的政治目的，纯属个人感情的表达，所以被称为“私人参拜”。另一种则是由政府或公共机构组织所属人员出于对阵亡者的精神的崇敬与颂扬，从“公”的角度进行的带有明显政治目的的参拜，就是“正式参拜”。事实上，靖国神社从建立起就明确不承认阵亡者个体在靖国神社的存在，只承认由所有“英灵”化作的抽象的“靖国之神”，强调参拜的目的是对“英灵”精神的彰显，不是对阵亡者个体的悼念。依照靖国神社的这一逻辑，根本就不存在所谓的“私人参拜”。战争期间军队、学校及各种机构组织的参拜当然属于“公”的性质。但是，由于战后根据“神道指令”的规定，政府不能再组织参拜靖国神社的正式活动，靖国神社也没有办法拒绝阵亡者的亲属从“私”的角度进行的参拜，所以才出现了所谓“私人参拜”的概念。

作为政治家，虽然有“公”与“私”两种身份，但是在那样的背景下，他们的参拜显然具有明确的政治目的，所以也只能是“正式参拜”。至于有的政治家强调自己的参拜属“私人参拜”，无非是给自己的行为找借口。

1975年8月15日，时任首相三木武夫在自民党内派系的压力下，参加了在武道馆中举行的全国战殁者追悼仪式后，又直接前往靖国神社进行了参拜。也就是说，作为政治家的三木想向日本社会表明，他是重视靖国神社的作用的。不过，三木首相也对自己的行动感到心虚，所以宣称这次参拜是以私人身份进行，并没有“公”的意义——既没有乘坐公车，也没有使用公款支付费用，仅仅在进入靖国神社拜殿的时候登记了自己的职务为“内阁总理大臣”。三木首相首开在8月15日这一特殊的日子参拜靖国神社的先河，为此后首相在同一天参拜靖国神社打开了大门。

三木首相参拜了靖国神社后，日本社会立即展开了对首相参拜是“公”还是“私”的辩论。为此，内阁法制局就区分私人参拜与正式参拜作出解释，明确提出了“私人参拜”的四条原则：（1）在参拜前表明系私人立场；（2）不乘坐公用车辆前往靖国神社；（3）不在登记簿上书写在“公”的机构中的职务名称；（4）不带随员。内阁法制局认为，符合上述四项原则的就属于“私人参拜”，政府官员“私人参拜”并不违法，但“正式参拜”毋庸置疑是违反宪法第20条的。

但是，这样的解释还留有一个“陷阱”，那就是没有说明在不完全符合上述四项原则的情况下的参拜——例如只符合一到三项的原则，究竟是属于“正式参拜”还是“私人参拜”。这样，也就为以后的政治家参拜制造了机会。

尽管藤尾的参拜提案尚未提交1975年的国会，但因为这一年正好是世界反法西斯战争与中国的抗日战争胜利30周年，也是日本投降30周年，所以也是很重要的时机。这一年，遗族会中就成立了“终战30周年特别委员会”，该委员会力图借这一机会推动对“英灵”的慰灵与彰显活动，并考虑建立“彰显英灵的新国民组织”的问题。关于这一问题，委员会确定的基本原则是：（1）以最终实现国家护持，即靖国神社“国营化”为目标；（2）以《靖国神社法案》在国会的通过为目标，采取分阶段实施的方式以取得成果；（3）鉴于各宗教团体持有不同的意见，为了广泛动员，考虑建立新的具有广泛的全民性质的组织。关于如何分阶段实施上述策略，委员会也提出了具体的目标，即首先实现天皇、首相、国宾的正式参拜；然后制定“慰灵日”，纠正人们根据宪法对参拜问题的“错误”解释；在靖国神社举行大规模的慰灵祭，邀请国民参与，进行国家护持的启蒙宣传。从上述原则来看，“终战30周年特别委员会”也提出了分阶段实施靖国神社“国营化”目标的策略，认可了藤尾的主张。所以，以实现“正式参拜”为目标的运动开始活跃起来。

靖国神社拜殿前跳招魂舞的人

（三）“正式参拜”靖国神社的政治家

由于日本众议院法制局明确指出政治家的“正式参拜”是违背宪法精神的，所以刚开始的时候，政治家力图以“私人参拜”的名义到靖国神社，而回避“正式参拜”。但是，随着日本经济的高速发展，在要求对战后进行“政治总决算”的气氛下，政治家们开始不再回避“正式参拜”，而且为“正式参拜”寻找理论与法律的依据。

自从藤尾正行 1975 年提出《慰灵表敬法案》，特别是三木武夫首相当年 8 月 15 日参拜了靖国神社后，政治家对靖国神社的“正式参拜”成为日本社会十分关注的问题。在当时的情况下，政治家特别是内阁总理和各省大臣一旦响应号召去参拜，就面临“正式参拜”和“私人参拜”的抉择。

尽管三木首相申明自己的行为属于“私人参拜”，但仍然开了首相在 8 月 15 日参拜靖国神社的先河。由于 8 月 15 日是日本宣布投降的时间，在这一时间参拜靖国神社显然国际反响过大，所以到第二年三木首相就没有再去参拜。1977 年成为首相的福田赳夫因为当年 8 月 15 日正在访问东南亚，所以也没有去靖国神社。因此，日本社会围绕靖国神社参拜问题的关注沉寂了一段时间。

1978 年夏，福田首相在官房长官安倍晋太郎的陪同下乘公车去参拜了靖国神社，并且在登记簿上公然写上了总理大臣的职务。在国会被质询的时候，福田首相仍然强调自己的参拜属于私人性质，理由是祭祀用的“玉串料”不是从公费支出，而是自己支付的。

1979 年担任首相的大平正芳虽然没有在 8 月 15 日去参拜，但是选择在春秋的例大祭时进行了参拜。当然，他参拜的时候也强调是私人性质，没有使用公费。

1980 年，在参众两院的选举中，自民党均获得大胜。在这次总选举中，遗

2003 年 1 月 14 日，日本首相小泉纯一郎第三次参拜靖国神社，遭到国内外反战人士的一致谴责。

族会、旧军队、自卫队、右翼宗教团体、神社本厅、报答英灵会、报答英灵会议员协议会对自民党夺回在议会中的优势起了相当积极的作用，特别是遗族会成了自民党重要的“票田”。选举后，自民党和保守势力都相当兴奋，他们认为过去《靖国神社法案》之所以不能通过是因为自民党在议会中没有占优势，而现在终于有了变化。他们高兴地预言，一定在三年内解决已经成为悬案的《靖国神社法案》问题。在得意之际，铃木善幸首相在内阁会议上回答是否参拜靖国神社的问题时说：“作为阁僚尽量去参拜。”在他的 21 人的内阁中，有 19 人进行了参拜。首相以下的 13 人在参拜登记的时候写了自己的职务，但是又辩解说是内阁成员自己商量的决定，而不是内阁的“决议”。这次的参拜引起了中国的关注，《人民日报》在 8 月 17 日发表了社论，指出靖国神社是与日本的军国主义有密切关系的机构，对其一举一动，中国人民是始终关注的。然而，日本的保守派却不以为然，相反，在这一年的秋天，当时的法务大臣奥野诚亮公开地提出“正式参拜”合乎宪法的主张。

1981 年 9 月，总理府总务长官成立了咨询机构——“战殁者追悼日”恳谈会。1982 年 3 月末，恳谈会提出了最终报告。报告称：“日本国民现在所享受到的繁荣与和平，是许多人牺牲了生命换来的”，因此“对那些在大战中献出了生命的我们的同胞们应当进行追悼，这种感情是超越宗教、宗派、民族、国家的界限的人类的自然普遍的感情。这样的追悼也是人类最基本的活动”。报告强调追悼的目的是“面向将来的和平而不是别的”，还提出以每年的 8 月 15 日作为“追悼战殁者祈念和平日”。

日本政府在内阁会议上基本接受了上述报告，确定在每年的 8 月 15 日进行纪念活动。由于考虑到 8 月 15 日的特殊性，特别是担心日本以官方形式参与或组织活动对二战期间受到日本侵略的国家产生刺激，日本政府决定把这一天定名为“追悼战殁者和祈祷和平日”，由政府主办全国性的纪念活动。

稍有头脑的人都知道，日本政府的这一举动其实是“醉翁之意不在酒”，更重要的意义在于与靖国神社问题的联系。所以，当这一报告公布后，许多媒体批评其为“靖国法案的迂回作战”、“靖国法案的延长线”、“为正式参拜进行铺垫”。其实，想用“人类的自然普遍的感情”这样充满人性和人道的词语掩盖问题的本质是不可能的，报告本身就充斥着谬误与矛盾。

首先，报告把被悼念的那些人的“牺牲”与今日的繁荣联系起来，说是由于那些人的牺牲换来了今日的繁荣。如果把这种逻辑用到反对侵略战争的正义的反法西斯国家身上，确实是符合实际的理论。但是用于发动侵略战争的日本，无论如何让人感到难以接受。但这种理论正是战争中为鼓动日本人走上战场而宣扬解放亚洲的“大东亚战争”理论。可惜的是，日本发动的战争并没有给人类社会带来繁荣，而是把亚洲推向战争的深渊。而在战争中阵亡的许多人，其实是成了日本军国主义政策的牺牲品。鼓吹日本阵亡者的荣誉，显然是要为对他们的参拜寻找理由。

其次，报告称对阵亡者的追悼是为了今后的和平，并强行把追悼战殁者和祈祷和平联在一起，也让人感到是南辕北辙。事实是，日本发动的战争绝不是为了和平，恰恰是破坏了和平。所以在东京审判的时候，特别明确了对和平犯罪的战争责任。尽管日本的战争阵亡者并不一定清楚他们的战争责任，甚至确实有人认为是为了东亚的和平与繁荣，但是，日本政府在战后有责任将历史的真实和正确的历史认识告诉日本的民众，而不是故意掩盖历史事实。

日本政府认为上述报告可以折衷来自国内外两方面的压力，但实际结果是进步力量并不认可，日本右翼宗教和政治势力也不满足，因为他们的目标是要实现日本首相正式参拜靖国神社。所以，从 1983 年起，首相中曾根康弘迨续参拜靖国神社，以满足这些人的愿望。中曾根的参拜激起了亚洲国家的强烈反对。于是，内阁成立了“阁僚参拜靖国神社问题恳谈会”，以研究政治家参拜的问题。而当时的官房长官后藤田正晴后来表示：靖国神社是战前供奉为了天皇而“光荣战死”的人的地方，是推行侵略战争的精神支柱与宗教性的军事设施。而 1978 年，把在东京审判中被判决的东条英机等甲级战犯合祀进来。所以，代表日本的首相参拜，是肯定侵略战争的立场。

战后到 80 年代中，以日本首相身份参拜靖国神社的有：东久弥稔彦（1 次）、币原喜重郎（2 次）、吉田茂（5 次）、岸信介（2 次）、池田勇人（4 次）、佐藤荣作（11 次）、田中角荣（5 次）、三木武夫（3 次）、福田赳夫（4 次）、大平正芳（3 次）、铃木善幸（9 次）、中曾根康弘（10 次）。

（四）中国对日本政要参拜靖国神社的态度

20 世纪 60—70 年代，中国的媒体介绍了日本社会关于靖国神社问题的争论，对鼓吹军国主义思想、煽动极端民族主义情绪的靖国神社的立场感到担心。而在佐藤荣作首相参拜（从 1965 年到 1969 年共 6 次）之后，中国媒体虽然提到人们应对日本“再次走向侵略道路”的危险保持高度的警惕，但并未针对日本首相参拜靖国神社提出正面的批评。

在“靖国法案”提交国会审议期间，中国的媒体不但报道了“靖国法案”的审议过程，而且重点介绍日本人民反对通过“靖国法案”的集会游行等活动。在这一斗争进入白热化的1974年，《人民日报》连续报道日本参众两院审议“靖国法案”的经过，包括日本各在野党及有关团体对自民党强行通过法案的强烈批评，以及由于民众和在野党的强烈反对，“靖国法案”在参议院未能进行审议而终成废案的经过。显然，这种报道方式本身就是对靖国神社问题的关注及政治态度的侧面反映。

此后的一段时期，《人民日报》连续刊登介绍日本国内反对首相参拜靖国神社的消息和文章，指出：“进入八十年代后，每逢8月15日，日本总有一些重要官员参加‘战殁者追悼会’，而且从来没有说过一句对侵略战争表示忏悔的话。”“作为曾经受过日本军国主义长期侵略的中国人民理所当然地要加以揭露，并同日本人民一道与之进行坚决的斗争。”这样的政治表态，说明日本

2005年10月17日，中国驻日本大使王毅（右）在东京会见日本外务大臣町村信孝，强烈谴责日本首相小泉纯一郎参拜靖国神社。

首相参拜靖国神社的行动引起了中国方面的关注与担忧，但为了维护很不容易得来的中日邦交正常化与和平友好条约的缔结结果，为使中日关系继续获得长足健康的发展，中国当时还是避免从正面与日本直接交锋。

1985 年 8 月，中曾根首相基于“战后政治总决算”的精神，通过官房长官表达了将以总理大臣的身份正式参拜靖国神社的态度。14 日，中国外交部新闻发言人在新闻发布会上明确提醒说，“中曾根首相等日本内阁大臣如果参拜靖国神社，将会伤害世界各国人民，特别是深受日本军国主义之害的包括中日两国人民在内的亚洲各国人民的感情”，并劝告日本政府慎重行事。然而，8 月 15 日，中曾根还是明确以首相身份参拜了靖国神社。日本首相的这一行动使问题表面化，对中日两国关系的发展产生了根本性的消极影响，对战争被害国的国民来说，不能不说是极大的伤害，国际社会的反响也很强烈。8 月 27 日，中共中央政治局候补委员、书记处书记姚依林在答日本记者提问中强调说：“日本政府成员正式参拜供奉着包括日本甲级战犯在内的靖国神社，伤害了蒙受战

2006 年 8 月 15 日，来自中国台湾、韩国与日本的参加“和平之灯”行动的战争遗属在东京日比谷公园集会游行，抗议日本首相小泉纯一郎无视民众呼声，执意参拜供奉有二战甲级战犯的靖国神社。图为参加游行的台湾原住民代表。

2002 年 4 月 22 日下午，南京大屠杀幸存者、受害者遗属和社会各界人士 200 多人在侵华日军南京大屠杀遇难同胞纪念馆内举行集会，强烈抗议日本首相小泉前一天再次参拜靖国神社。

争侵略之害的各国人民的感情。这个行动不能不引起中国人民的关注。”结果在 1985 年 9 月 18 日，正值“九一八事变”54 周年之际，发生了中日邦交正常化以来中国学生第一次以激烈的表达方式抗议日本首相参拜靖国神社的游行。中日关系的正常发展受到了冲击。

此后，中曾根首相决定中止参加 1985 年 10 月举行的靖国神社秋季大祭，之后在其任职期间再也没有参拜过靖国神社。在中曾根首相之后，1996 年桥本龙太郎担任首相后，仅在其生日的当天参拜过一次靖国神社。虽然也招致了批评，但因从此停止参拜，并未对中日关系造成大的影响。

与中曾根和桥本不同，小泉纯一郎在 2001 年当选首相后不久就参拜靖国神社。而且，尽管受到诸方面的批评，仍然坚持每年前去参拜，以至在任期间连续 6 年参拜，终于导致中日关系出现了极端困难的局面。中国方面认为小泉的参拜“伤害了包括中国人民在内的受害国人民的感情，损害了中日关系的政治基础”。

靖国神社强调的是对“靖国之神”整体的“英灵彰显”，不承认对于阵亡者个体灵魂的悼念。所以，以所谓“个人的心灵表达”、“对和平的期望”，或者“日本传统文化”作为参拜理由是缺乏说服力的。靖国神社自产生以来，就从来不是纯粹的宗教场所。如果考虑到日本首相参拜靖国神社是被作为靖国法案的迂回方案提出来的，人们就更难把作为政治家代表的首相的行为看成是“个人”心灵的表达，而当然被看作是具有明显政治意义的行为。日本政治家参拜靖国神社对中日关系产生的破坏作用绝不可低估。

二、甲级战犯被合祀进靖国神社

从上世纪 60 年代末期《靖国神社法案》向日本国会提出，到 70 年代中期自民党国会议员提出正式参拜靖国神社的《慰灵表敬法案》，靖国神社问题在日本的政治生活中已经是令人关注的大事。而 1978 年，靖国神社将东条英机等 14 名甲级战犯合祀进去，使本来就争议很大的靖国神社问题更加复杂。

甲级战犯在远东国际军事法庭上接受审判

靖国神社参集殿，二战战犯供奉于此。

1979 年 4 月，日本的共同通信社发表了一条令世界震惊的消息：在第二次世界大战结束后的远东国际军事法庭上被作为甲级战犯而处以死刑以及在关押中死亡的东条英机等 14 人，已经在前一年的 10 月被秘密地合祀进了靖国神社。

这一消息的惊人之处有两方面：一是东条英机等甲级战犯是早在战后初期就被判刑的人所共知的战争罪犯，而这一审判结果是连日本政府都已经明确承认的。如今将这些人合祀到靖国神社，确实令人难以置信。二是这样一件涉及重大原则的事情，靖国神社居然做得神不知鬼不觉，当被披露出来时，已经过去了将近半年。

对甲级战犯的合祀，并不是靖国神社单独的行为，而是作为厚生省行政活动的一环实施的。而且，厚生省声称是根据国会通过的《对战伤病者战殁者遗族的援护法》。可见，靖国神社对甲级战犯的合祀是在厚生省和都道府县的协助下得到了“祭神名票”后才进行的，并不是靖国神社独自进行的。

甲级战犯被合祀到靖国神社，使本来就矛盾重重的靖国神社问题更加复杂。同时也更加暴露了靖国神社在战争责任问题上的立场。关于甲级战犯的问题，

甲级战犯东条英机参拜靖国神社。

甲级战犯板垣征四郎前往中国作战前在靖国神社接受祝福。

2005 年建立的帕尔博士显彰碑，反映了靖国神社对太平洋战争的认识。印度法官帕尔是东京裁判中唯一提出被告团全体无罪意见书的远东国际军事法庭法官，被日本右翼人士引为“同道”。

首先是如何认定他们的战争责任的问题。对于合祀这些战犯的问题，靖国神社公开表示：因为他们是为国家尽忠的人，是昭和的殉难者。合祀的人确实是当时的军队与政府的首脑人物，但他们都是在执行命令。其实，14 人中的武藤章早已经被合祀在熊本县的护国神社中，而松冈洋右也早被合祀在山口县的护国神社中。将他们专门合祀到靖国神社，与其说是对这些人的纪念，不如说是对当年审判战犯的抗议，这公开违背了日本政府曾经表示过的对东京审判的认可。

靖国神社成为国际关注的问题，引起中国及亚洲许多国家的批评，其实并不奇怪。因为这一问题的背后反映了日本人对侵略战争责任的认识。但是在日本执政的自民党看来，这是中国及国际社会的干涉，因此抱有极大的反感。但是到了 1986 年，日本政府开始意识到问题的严重性与复杂性。8 月 19 日，内阁官房长官后藤田在众议院内阁委员会上承认“甲级战犯的合祀是继续正式参拜的障碍”，暗示要解决靖国神社中合祀的甲级战犯的问题。日本内阁暗示的解决靖国神社问题的办法，就是所谓的“分祀论”的提案。但是靖国神社明确回答：“一旦进入，就不能移动”（《读卖新闻》，1986 年 1 月 6 日），断然拒绝了“分祀论”。

靖国神社问题表面上看是甲级战犯合祀的问题，但其本质则不仅仅局限于此，更多的是有关天皇的战争责任问题、靖国神社的战争责任问题及日本人的战后责任问题。因此，所谓“分祀”只是日本右翼和保守势力的障眼法。

三、政治家参拜靖国神社是否“得人心”？

从以上的分析可以看出，战后初期，由于国家神道被废除，靖国神社失去了在战争中的特殊地位。不承认日本的侵略战争责任的部分右翼与保守势力为了恢复战前靖国神社的国家神社地位，在推动靖国神社“国营化”的努力失利后，企图通过推动政治家对靖国神社的参拜“迂回地”实现靖国神社“国营化”的目的。所以，日本政治家深知参拜靖国神社是与否认侵略战争责任相关的原则性问题。但是为了取得保守势力的支持，那些政治家一再强调说自己的参拜是回应日本人的期待。但其实从靖国神社要求“国家护持”开始，日本社会就有很强的反对声音，在自民党提出《靖国神社法案》后，逐渐形成了反对靖国法案的政治力量。而在《慰灵表敬法案》提出后，针对日本政治家参拜靖国神社的举动，反对的声音通过各种各样的形式表现出来，特别表现在关于靖国神社的诉讼上。

（一）靖国诉讼

从上世纪 70 年代开始，围绕靖国神社问题和政治家参拜问题的诉讼陆续展开。参加诉讼的原告有日本的战争遗族，也有韩国的战争遗族和台湾民众。此外，还有佛教、基督教的信仰者，有虽然没有特别的宗教信仰但是与靖国信仰有抵触的人。总之，原告的来源相当广泛。日本的战争遗族原告的基本主张是：从遗族的立场上看，死去的亲人有各种各样的宗教立场或非宗教立场，不应受他人的干涉或介入，而应给死者一个安静的宗教（或非宗教）环境。这就是强调战殁者思想的自由，即宗教人格权。

韩国的战争遗族认为自己的亲人是殖民地统治的牺牲者或被害者，但又被作为侵略者与加害者，在其名誉没有得到恢复的情况下，继续被作为“英灵”接受慰灵与彰显，是对韩国原告的民族性人格权的深深伤害，从而提出了民族性人格权的问题。

而遗族以外的原告参与诉讼则是从宗教的立场上强调自己的决定权与和平的生存权。他们认为：作为政府首脑参拜靖国神社是对“自己信仰的核心内容、思想信条的核心内容的挑战，对于强制让我们放弃原来的信念，我们感到深刻的不安”。

总之，在这些诉讼中，原告对靖国神社的认识是诉讼的基础。在所有的诉讼中，原告都强调：靖国神社是军国主义的象征，是把包括殖民地在内的人民推向战争的精神装置与军事设施，而战后至今仍在靖国神社中对战殁者进行彰显与赞美，说明靖国神社对日本曾经给中国和朝鲜半岛为首的亚洲各国造成的惨祸仍然没有反省的态度，对发动战争的侵略性质还没有认识。原告还认为：靖国神社至今仍然作为战前军国主义政治的象征而继续存在，这件事本身就是违背日本国宪法中关于和平主义和放弃战争原则的。所以，原告强调诉讼的目的是要人们认识发动了侵略战争和对殖民地实施了统治的日本应负有的战争责任。

这些诉讼也都把对历史问题的认识与现实的日本政治和国际关系问题联系起来。2001 年后，日本政府借美国发生的“9 · 11”恐怖事件，强调日本的和平宪法已经过时，要求根据防卫指针通过向海外派兵的立法，作为修改和平宪法的预备步骤。所有原告都针对这一问题指出：日本政治家参拜与战争有不可分割关系的靖国神社，是在为修改和平宪法进行舆论准备。

（二）日本民众为什么反对参拜靖国神社?

在日本为什么会发生“靖国诉讼”？为什么提出诉讼的原告往往是战争遗族？这是一个非常需要思考与研究的问题。之所以产生这些诉讼，一方面是基于政治与宗教分离的原则对日本宪法的维护，也是战前抵制参拜靖国神社的继续，而另一方面，则是基于日本发动侵略战争责任与战后责任的反省意识的表达。而对靖国诉讼的判决，也是对日本社会战争责任认识程度的检验。所以，分析靖国神社诉讼的思想基础很有意义。

战后，各派宗教力量开始活跃。1948 年 8 月 15 日，日本战争遗族中的基督教徒首先独立于日本遗族会而成立了基督教遗族会。最初，基督教遗族会还只重视和平传道，但是在日本社会右翼势力逐渐抬头的形势下，基督教遗族会意识到必须对越来越强的右翼势力进行反击。1969 年，基督教遗族会代表（会长）小川武满先生发表声明指出：“战争不是国家的‘伟业’，把战争的阵亡者作为‘英

2014 年 4 月 21 日下午，包括日本普通市民和宗教人士等在内的 273 名原告向东京地方法院提起诉讼，要求法院方面制止首相安倍参拜靖国神社的行为，确认其参拜行为违反宪法。图为手扶横幅步入法院递交诉状的部分原告和律师。

灵’祭祀并非遗族的心愿。”不久，基督教遗族会又明确提出：（1）“英灵”并非和平的基石。所谓的“英灵”精神宣扬的是为了天皇而在战争中英勇战死的精神，而遗族拒绝这种精神。（2）对阵亡者的追悼，应根据每个人不同的宗教信仰而分别进行。（3）必须向亚洲各国的战争遗族谢罪。

除了基督教遗族会以外，还有许多战争遗族从不同的角度对日本遗族会的政治态度和行动表示了明确的反对，并进行了积极的努力。这些努力构成了日本和平运动的一部分。特别是有一部分遗族因不满日本遗族会的宗旨和目标而从该会分化出来。

1986 年 7 月 7 日，即卢沟桥事变纪念日的那一天，在东京成立了“日本和平遗族会全国联络会”。“和平遗族会全国联络会”在成立的宣言中谈到：“夺去了我们亲人的那场战争是扰乱了亚洲各国的和平，破坏了人民的生活，使 2000 多万人丧失了生命的侵略战争。我们决不能再次与亚洲人民为敌，决不能杀害无辜的民众。应对那场战争负主要责任的是在近代天皇制国家中策划、实施战争的以天皇为首的军国主义的指导者。那一军国主义的精神核心是国家神道，而在战争中起主要作用的是靖国神社，这是人所共知的。因此我们决不承认对靖国神社的‘公式参拜’。政府无论以什么理由将靖国神社作为国民和阵亡者遗族的追悼活动的中心设施，无论进行什么宣传，我们都认为将靖国神社与国家建立起特殊的联系这一点会带来危险的后果。”“日本和平遗族会全国联络会”选举著名医生小川武满先生为代表（会长），成立之初有来自日本各地的 6 个团体加入，以后逐渐扩大到 15 个团体，从最北边的北海道一直到最南边的冲绳都有代表。

日本遗族会与和平遗族会的成员之所以在某种程度上能够沟通，就在于他们都是战争的被害者，即有共同的被害的认识。但是二者对战争性质的认识有差异：日本遗族会仅局限于自己被害的狭隘的认识，而和平遗族会则把视野扩大到亚洲和世界，即不仅认识自身的被害，更要认识亚洲民众的被害，同时，在认识自身被害的基础上，更要认识日本的“加害”责任。

归纳起来，日本和平遗族会关于战争问题的认识思路是：站在日本人既是

如今的靖国神社在日本百姓心中的地位，从与战争年代相比堪称冷清的人流就可看出。

靖国神社在一些日本人眼里也很臭，只好在围栏上架设铁丝网以防不测。

被害者又是加害者的立场，主张国家不仅要对阵亡者及其遗族的被害负责，而且要对亚洲各国的被害负责，要对日本产生加害的原因负责，因此批判日本的战争指导者发动的侵略性战争，要求政府应向包括亚洲各国在内的被害者谢罪，不承认“英灵”，反对在靖国神社进行祭祀和参拜。

因此，不论是靖国诉讼还是来自遗族会中基督教遗族会以及日本和平遗族会的主张都说明：所谓“日本人对政治家参拜靖国神社的期待”的说法，完全是自欺欺人的。